# 信長と家臣団の城

中井 均



角川選書
633

# 信長と家臣団の城

## 目次

はじめに　7

第一章　信長の築城
一　清須城へ　14
二　小牧山城の築城　17
三　岐阜城　28

第二章　安土城の構造
一　安土築城　42
二　安土城の縄張り　46
三　安土城の石垣　63
四　天主　68
五　本丸御殿　77
六　安土城の瓦　79
七　その後の安土城　84

第三章　将軍の城と子息・一門の城
一　足利義昭の居城武家御城の築城　90
二　織田信雄、信孝、信包の居城　97
第四章　近江の支城網
一　羽柴秀吉の長浜城　102
二　明智光秀の坂本城　113
三　織田信澄の大溝城　120
四　丹羽長秀の佐和山城　124
五　湖の城郭網　128
第五章　信長家臣団の城
一　羽柴秀吉の築城　姫路城　132
二　明智光秀の築城　周山城、福知山城、黒井城、亀山城　133
三　池田照政の築城　兵庫城　141

四　柴田勝家と府中三人衆の築城　北庄城、丸岡城、龍門寺城、小丸城、府中城　144
五　細川藤孝の築城　勝龍寺城　150

第六章　合戦と陣城

一　桶狭間合戦と陣城　鳴海城、大高城　159
二　姉川合戦と志賀の陣と陣城　横山城　166
三　佐和山城包囲網　175
四　小谷城攻めと陣城　虎御前山砦　179
五　有岡城攻めと陣城　187
六　三木城攻めと陣城　191
七　鳥取城攻めと陣城　太閤ヶ平　199

終章　信長の居城と陣城の意味するもの　209

主要参考文献　217
あとがき　221

# はじめに

織田信長による安土《あづち》築城は日本城郭史における革命的変化であった。それは石垣、瓦、礎石建物による築城の最初であり、以後の日本城郭の規範となった。戦国時代に築かれた城郭の大半は土造りの城郭であった。山城の場合は山を切り盛りして築かれた土木施設としての城郭であり、石垣を用いる城郭はほとんどなかった。

信長と同時期の戦国大名の居城を見ると、武田信玄の甲斐《かい》府中もその後の改修があり、信玄時代の構造は明らかではないが、石垣は極めて小規模なもので、瓦は用いられていない。上杉謙信の春日山《かすがやま》城では石垣は認められず、瓦も用いられていない。毛利元就の吉田郡山《よしだこおりやま》城では、石垣や瓦が認められるがこれらは元就以後の改修であり、元就時代にはなかったものと考えられている。

こうした戦国大名の居城は領国において見せる城として維持管理はされていたものの、その本質的な構造は土造りの戦国時代の城を脱却するものではなかった。ところが信長の安土城では石垣は高石垣となり、瓦には金箔《きんぱく》が施され、礎石建物の中心には天主（天守）と呼ばれる高層建築が出現したのである。この三つの要素は軍事的にも評価できる施設ではあるが、何よりも見せるという視覚に重点をおいた築城であった。いわば統一政権のシンボルとしての城郭が誕生したのである。

この信長の城郭革命は彼の一族や家臣の築城にも貫徹され、斉一性の高い築城となる。こうした信長とその一門と家臣団、さらには信長の政権を引き継いだ豊臣秀吉とその一門と家臣団によって築かれた城郭を織豊《しょくほう》系城郭と呼んでいる。

信長の城といえば従来安土城の研究に終始してきた感があるが、その前提となる小牧山《こまきやま》城や岐阜城の解明なしに安土城は理解できない。特に信長の築城の基礎となる石垣は、他の地域でも十六世紀前半には萌芽《ほうが》しているのだが、信長の石垣導入とは明らかに相違しており、信長がなぜ石垣の城を築いたのかは非常に重要な課題であり、それを読み解くのも本書の大きな骨子となっている。

さらに居城ではなく信長は攻城戦にも陣城《じんしろ》を築いて敵の城を包囲する戦いを多くおこなっている。そうした陣城にも斉一性があり、信長の戦いを考えるうえでは欠くことのできない資料として位置付けられる。しかし、これまでの信長の歴史でこうした居城論や陣城が考えられることはほとんどなかったと言ってもよい。

そこで本書では信長の居城、一門や家臣団の居城、そして合戦に際して築かれた陣城を体系的に分析することにより、信長の革新的な築城を明らかにしようと考えた。

私の専門は考古学であり、発掘調査で検出された城郭の構造や出土遺物を中心に信長の築城を分析するとともに、いまひとつ大きな柱に据えたのが縄張り研究である。縄張りとは城郭の平面構造のことである。その平面構造を図化することによって軍事的にどのような構造で城が造られたのかを分析する城郭研究独特の研究法である。

本書は信長とその家臣団による築城を、この考古学的研究と縄張り研究を駆使してその特徴を明らかにしようと試みたものである。そこからは従来語られることのなかった信長の築城が、以後の日本の築城に多大な影響を与えたことが明らかとなった。本書によって信長による築城革命を知っていただければ幸いである。

能登
七尾城＝前田利家
越後
越中
上野
加賀
飛驒
信濃
越前
武蔵
美濃
甲斐
岐阜城＝織田信忠
相模
小牧山城
尾張
清須城
那古野城
駿河
三河
神戸城＝織田信孝
伊勢
安濃津城
遠江
上野城＝織田信包
松ケ島城＝織田信雄
田丸城
志摩

## 本書に出てくる信長と家臣団の主な城の配置

※城主は天正10年（1582）5月、本能寺の変の直前の状況

# 第一章　信長の築城

第一章ではまず織田信長の築城についてみていくこととしよう。かつての城郭研究では、信長イコール安土城イコール天主という図式で語られる場合が多かった。本章では信長の居城の軌跡を追い、信長が城郭という軍事的な防禦《ぼうぎょ》施設にいかにこだわり、その変革を意識していったかを考えてみたい。

信長ほど居城を転々と移った戦国大名は他にいない。なぜ居城を移動する必要があったのだろうか。単に京に近づくためではなかったはずだ。そこには信長の明確な想いがあったことはまちがいない。

さらに信長は中世を打破し、近世の門戸を開いたとよく言われているが、近年の文献史学では信長は中世的であるという評価が高まっている。それを城郭からも分析してみたい。信長は移動はするが、実は最後まで山城を降りなかったのである。この点は注目すべきであろう。小牧山、金華《きんか》山《ざん》、安土山という山に居城を構えている。これまでの城郭研究では、城の立地は、山城から平山城、そして平山城から平城へという構造が語られてきた。しかし、信長は山を降りなかった。なぜ信長は山を降りなかったのだろうか。ここにも信長の明確な想いがあったに違いない。本章では信長の居城のうち清須《きよす》城から岐阜城を探りながら、信長の築城意図を探っていくこととしよう。

## 一　清須城へ

## 清須織田家を倒し、清須城へ

天文三年（一五三四）、信長は織田信秀の嫡男として勝幡《しょばた》城に誕生した。父信秀は尾張《おわり》下郡の守護代織田大和守《やまとのかみ》家の三奉行のひとりであった。当時の尾張は守護斯波《しば》氏の力は弱体化しており、まったく守護の力を有してはいなかった。このため尾張は分国の状態となり、上四郡は守護代織田伊勢守《いせのかみ》家が岩倉城を居城として実質的に支配しており（岩倉織田家）、下四郡は守護代織田大和守家が清須城を居城として実質的支配をおこなっていた（清須織田家）。その織田大和守家の下には三奉行がおり、そのひとつである織田弾正忠家が信秀の出身であった。

弘治《こうじ》元年（一五五五）信長は清須織田家の織田信友を倒し、本拠を清須城に移した。おそらく信長の意思による最初の居城といってよいだろう。清須城は近年五条川の改修に伴い発掘調査が進められており、その構造も明らかとなりつつある。

発掘調査で検出された胴木《どうぎ》を伴う石垣は、天正十四年（一五八六）に清須城主となった織田信雄《のぶかつ》による築城工事に関わるもので、金箔《きんぱく》瓦も用いられていた。清須城跡では古くよりこの金箔瓦が採集されており、それが信長時代の清須城に伴うものと考えられていたが、こうした近年の発掘調査の成果や瓦の編年などから、実は信長時代のものではないことが明らかとなっている。

それでは信長時代の清須城はどのような姿だったのだろうか。やはり近年の発掘調査で十五世紀後半に方形で周囲に堀を巡らせた居館を中心に、その周囲にも小型の方形館を持つ遺構が検出されている。これは中世の守護所に見られる典型的な構造で、中心部の居館が守護の館で、その周辺に被官の屋敷が集住していた。土佐守護の細川氏館、阿波《あわ》守護の細川氏館もこうした構造であった。

## 守護所を居城に

尾張の守護所は当初稲沢の下津《おりづ》城に置かれていたが、文明八年（一四七六）に戦乱で焼失して清須に移動し、以後清須城が尾張守護所となる。信長が居城を清須に移した理由はまさにここにあった。信長は守護家でもなく、守護代家でもない。まず信長は主家である清須織田家の信友を滅ぼし、主家の居城に入城することにより守護代家に取って代わったことを示したわけである。さらに永禄《えいろく》二年（一五五九）には岩倉織田家の信賢《のぶかた》を攻め、ほぼ尾張を平定し、永禄四年（一五六一）には尾張守護斯波義銀《よしかね》を追放した。そしてわずかその二年後の永禄六年（一五六三）には居城を小牧山城に移すのである。まさに信長の清須居城は守護や守護代家でない信長にとって尾張統一を内外に示すための居城だったわけである。

大変興味深いのは信長時代の清須城の構造である。これまでの発掘調査では信長時代に大きく改修された痕跡が認められない。つまり従来の守護館的な構造を信長はほとんど手を加えることなく居城としていたのである。そこに信長は自らの独自の築城をおこなうのではなく、あくまでも守護所に居城することが重要だったのである。

## 二　小牧山城の築城

### 美濃攻略の本拠地

ところが尾張平定を正当化すると、信長は直ちに美濃攻略に乗り出す。美濃支配は父信秀以来の念願であった。そのために居城を美濃に近い小牧に求めたのである。小牧への居城の移転について、『信長公記』には、

「或時、御内衆 悉《ことごとく》 召列《つ》れられ、山中高山二の宮山へ御あがりなされ、此山にて御要害仰付けられ候はんと上意にて、皆々家宅引越し候へと御諚候て、爰《ここ》の嶺《みね》かしこの谷合を誰々こしらへ候へと御屋敷下さる。その日御帰り、又、急ぎ御出であつて、弥《いよいよ》 右の趣御諚候。此山中へ清洲の家宅引越すべき事、難儀の仕合なりと上下迷惑大形《おおかた》ならず。左候処、後に小牧山へ御越し候はんと仰出だされ候。小真木山《こまきやま》へは、ふもとまで川つづきにて、資材・雑具取り候に自由の地にて候なり。」

とあり、当初二宮山への築城を考えていた。しかし居城の移転は家臣団の屋敷の移転でもある。本来居城の移転などほとんどあり得ず、家臣たちは屋敷を移転することなど想像もしなかったことだろう。家臣からの反発も必定である。そこで信長は二宮山への移転をやめ、小牧山にしたのである。これは二宮に比べれば比較的楽に移ることのできる地であり、家臣たちの反発も和らいだのであった。しかし、これは初めから容易に小牧へ移るために信長によって仕

写真1　小牧山

組まれたものであった。

小牧山は尾張平野にぽつんと位置する独立丘陵である。標高は八五・八メートルで、比高七〇メートルと、そう高い山ではないが、周囲はすべて平地で、実に見晴らしのよい山である。しかし、この山が戦国時代に城郭として用いられたことはなかった。

ここで注目しておきたいのは、『信長公記』の「小真木山並に御敵城於久地と申候て、廿町ばかり隔てこれあり。御要害ひたひたと出来《しゅったい》候を見申候て、御城下の事に候へば、拘《かか》へ難く存知、渡し進上候て、御敵城犬山へ一城に楯籠《たてこも》候なり」という文言である。

どうも小牧山城は奇異の姿に映ったようである。その奇異とは何か。それは戦国時代にはなかった石垣造りではなかったか。戦国時代の土造りの城こそが城であると思っていた人たちにとって石垣造りの城は実に奇妙に映ったことだろう。

## 近年の発掘調査で、石垣造りであることが判明

小牧山城が石垣造りの城であるとわかったのは、まだここ数年に過ぎない。本丸の西辺に巨石が数段積まれているのは古くより知られていたが、それらが本丸の周囲を巡る石垣であったことが判明したのは近年の発掘調査によってである。

かつて小牧山城跡に残る曲輪《くるわ》や土塁は信長時代のものではなく、天正十二年（一五八四）に勃発した小牧長久手《ながくて》合戦で、徳川家康が本陣とした際に改修したものと考えられていた。信長時代の小牧山城はいたって簡単な施設であったと思われていたのである。

そうしたイメージを払拭し、石垣を伴う本格的な築城であることが判明したのは発掘調査による成果である。

平成二十年（二〇〇八）の発掘調査により本丸が石垣によって築かれたことが判明したのは驚きであった。検出された石垣には長さ二メートルにおよぶ巨石が多く用いられていた。さらに犬走りを設けて下段にも同様に巨石を用いた石垣が検出され、本丸南面においては三段にわたって石垣を積んでいたことが判明した。

石垣の背面には人頭大程度の栗石《ぐりいし》が充塡《じゅうてん》されており本格的な石垣であった。三段にわたる石垣は、この時代にはまだ石垣を一気に高く積み上げることができず、その限界を克服するため

写真２　小牧山城で検出された石垣

に犬走りと呼ばれる段を設け、セットバックさせながら数段にわたって築かれたことを示している。こうした積み方を段築《だんちく》と呼んでいる。この段築を克服するには安土築城を待たねばならなかった。

小牧山城本丸南辺で検出された石垣をよく見ると、チャートと呼ばれる小牧山自体で採れる岩石を用いているのだが、三角形や方形の石材を配列しており、単に石を積み上げる石垣というものではなく、どうも配石も意識して積み上げたもののようである。特に同じチャートでも色の違うものを交互に配しており、明らかに石を積むにあたっては「見せる」ということを意識していたことはまちがいない。

### 矢穴技法による石垣

ところで本丸正面に向かって左側に徳川義《よし》

親氏《ちか》の銅像が建っているのだが、その台座に注目してほしい。方形の巨大な花崗岩《かこうがん》であることがわかる。さらにこの台座石には矢穴《やあな》と呼ばれる溝が点々と刻まれている。これは石材を割る技法である矢穴技法と呼ばれるものである。溝を列点状に施し、そこに鏨《たがね》を入れ、玄翁《げんのう》で叩《たた》くと、列点の溝に亀裂が生じて石が割れるのである。切手のミシン目の原理である。

こうした矢穴技法でもっとも古いのは近江《おうみ》観音寺《かんのんじ》城の石垣石材である。観音寺城近郊の金剛輪寺に所蔵されている『下倉米銭下用帳』には、弘治二年（一五五六）の記事に、「御屋形様御石垣打」、「御屋形様惣人所下石垣打」などとあり、現在残る石垣が弘治二年頃に築かれたものであることがわかる。この観音寺城の石垣は戦国時代においては極めて特異なものであり、安土築城以前の唯一の矢穴技法によって切られた石材を用いている。これは寺院の技術が城郭石垣に援用された事例である。

織田信長、豊臣秀吉らによる築城でこの矢穴技法が登場するのは、天正十一年（一五八三）に秀吉の居城として築かれた大坂城からである。大坂城本丸で検出された豊臣大坂城本丸詰段石垣には一個であるが矢穴の施された石材が認められている。続いて文禄《ぶんろく》三年（一五九四）頃の築城とみられる但馬《たじま》竹田城では隅石を中心にいくつかの矢穴の施された石材が認められるようになる。普遍的に認められるようになるのは慶長五年（一六〇〇）の関ヶ原合戦以後のことである。

と、なると小牧山城に残る矢穴の施された巨大な花崗岩はどう考えられるのであろうか。織田信長築城の小牧山城に伴う石材とは考えられない。しかし小牧山では花崗岩は採れない。

もっとも近いところが約三キロメートル離れた岩崎山《いわさきやま》であるが、それでもこの巨石を運び上げなければならない。それは信長の小牧山築城以外は考えられない。巨石のある位置は本丸南正面にあたる。いわば正面玄関にあたる部分である。そこに信長は花崗岩を運び上げたのである。

ちなみに小牧山城の発掘調査で検出された石垣は歯抜け状態であった。それは検出された石垣の石材はすべてチャートであり、抜けた部分は別の石材が用いられていたものと考えられる。抜かれた石材は花崗岩だったのだろう。花崗岩は近世城郭の石垣石材としてはもっとも必要とされた石材である。慶長十四年（一六〇九）に天下普請による名古屋城の築城に小牧山城で用いられていた花崗岩も持ち運ばれたとみられる。

この名古屋築城に正面の巨石も用いるべく矢穴まで刻んだが、結局は切り出さずにそのまま放置されたものと考えられる。信長が小牧山築城に運び上げ、さらに徳川家康による名古屋築城にも用いられようとした巨石だったのである。

## 割普請による石垣普請

発掘調査で検出された石垣石材は丹念に調べられていたのであるが、ひとつの石に墨書の記されていることが判明し、水洗してよく調べると「佐久間《さくま》」と記されていることが判明した。佐久間といえば信長の重臣で、後には追放されてしまった佐久間信盛《のぶもり》が思い浮かぶ。もし、「佐久間」が家臣の名前であるならば、信長は小牧山城の石垣普請を家臣におこなわせていた可能性がある。さらに家臣が積んだということを記したのであれば、割普請による石垣普請で

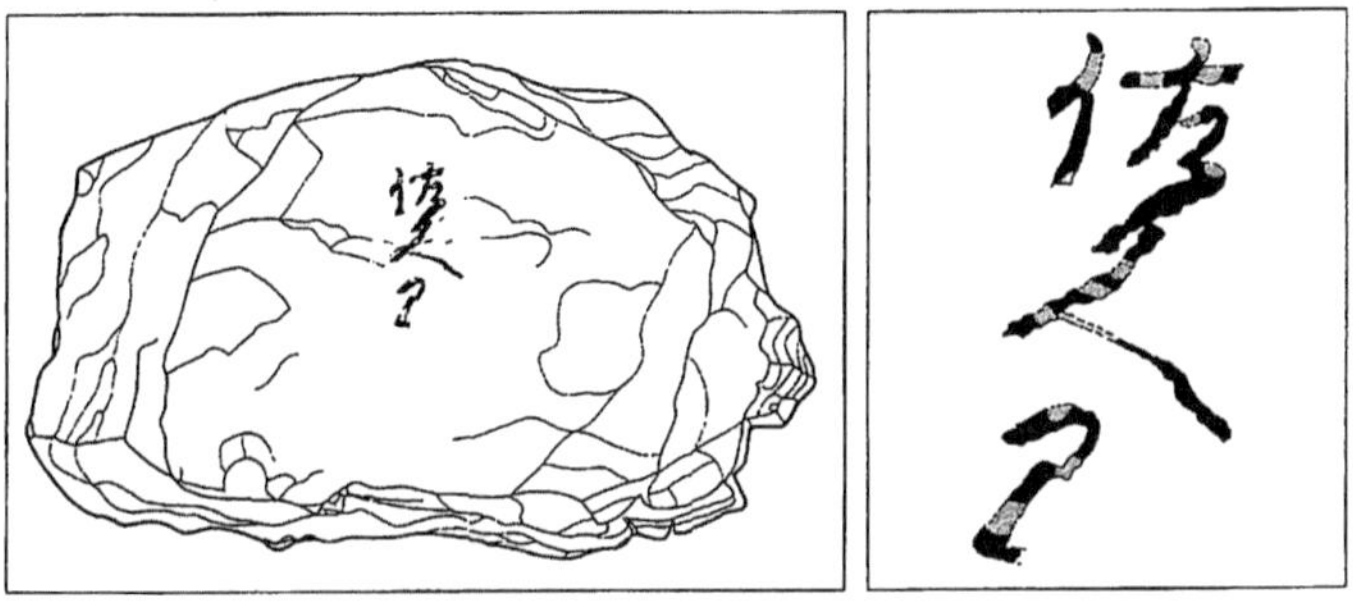

図１　「佐久間」の墨書実測図（小牧市教育委員会 2012 による）

あった可能性も考えられる。割普請とは分担を決めて家臣などにおこなわせる。最大の割普請が天下普請だ。信長による石垣普請の最古例に割普請の痕跡となる人名墨書が確認されたことは注目される。

ところで小牧市教育委員会では「佐久間」の墨書が検出されたことにより、その後の発掘調査で検出された石垣石材を全て水洗し、墨書の確認をおこなっているが、現在のところ「佐久間」以外に墨書は認められない。今後の調査に大いに期待したいところである。

### 山上に居住空間を持っていた山城

平成三十年（二〇一八）、小牧山城跡の発掘調査で陣頭指揮を執る小牧市教育委員会の小野友記子さんからビッグニュースが伝えられた。これまで小牧山城跡では石垣は検出されるものの、建物跡などはまったく検出されなかったのである。ところが平成三十年度の調査で、本丸の南側で一段下がった曲輪から礎石建物が検出されたのである。現在登城道路となっているところであるが、小牧山城時代は本丸下の帯曲輪であったとみられるところである。

検出された礎石建物は建物の一部であり、全体像を知ることはできないが、礎石に並行して玉石を敷き詰めた部分があり、単なる居住施設ではなく、数寄《すき》の建物の一部ではないかとみられる。玉石を敷き詰め、縁を持つ建物は倉庫などの施設ではなく、居住性の高い建物と考えられる。小牧山城は山上に居住空間を持っていた山城だったことが判明した。

戦国時代の山城は詰城と呼ばれ、一般的には住む空間ではなく、戦いに備えた防御空間であった。普段城主は山麓に構えられた居館に居住していたのである。そして合戦におよんだ際に居館背後の山に築かれた山城に籠って戦ったのである。戦国時代の城下町として知られる越前一乗谷《いちじょうだに》には、堀に囲まれた朝倉義景《あさくらよしかげ》の居館を中心に城下町が構えられている。この義景居館背後の一乗城山山頂に朝倉氏の詰城が構えられていたことを知る人は少ないが、この一乗谷こそ、典型的な戦国時代の二元的な城館構造を示している。

こうした詰城は籠城戦のための詰城であることより居住性をまったく有していない。山城の発掘をおこなっても居住性のある礎石建物はほとんど検出されない。倉庫となるような掘立柱建物と番兵が駐屯する掘立柱建物など二〜三棟の小規模な掘立柱建物が検出されるに過ぎない。

ところが小牧山城の発掘調査では数寄屋のような玉石を敷き詰めた礎石建物が検出され、山城に居住空間を設けていたのである。ここにも戦国時代の山城とは一線を画する信長の築城に関する考え方が存在するようである。

## 堀を巡らせた内側に武家屋敷

実は小牧山城は山麓でも発掘調査が実施されており、堀を巡らせた内側に武家屋敷などが検出されている。なかでも南東山麓では堀を巡らせた方形区画の巨大な屋敷が検出されている。その規模より信長の山麓居館とみられ、この構造より小牧山城は、戦国時代の二元的構造を持つ普遍的な山城と考えられていた。ところが山城からも居住空間が検出されたのである。

戦国時代後半になると戦争は大規模かつ恒常的となる。そこで戦国大名クラスになると、山城にも居住空間を持つようになる。これは山麓に居住するよりも、初めから山城という防御空間に住んだほうが安全と考えたためであろう。いわば安全保障として山城に居住空間を設けたのである。一方で山麓居館は廃されるのではなく、そのまま維持管理される。これは対面や饗《きょう》応《おう》といった公の場としての御屋形が必要であったためで、山麓居館が公の場、山上居館が私の場として用いられたのであろう。

小牧山城の次に居城となる岐阜城では、山城で奥方と子息のみが信長に仕えていたとフロイスが報告しているのは極めて興味深い。山城が私の場であったことを見事に伝えている。小牧山城で検出された建物は、信長の家族が住んでいた曲輪に構えられた建物の一部であった。出土遺物に目を向けると、中国製の青磁碗《わん》や瀬戸美濃の天目茶碗など威信財とも呼び得る陶磁器があり、やはりこの建物が居住空間の一画に建てられた数寄的施設であったことを示している。

小牧山城では、今後の発掘調査でさらに居住施設としての建物跡が検出される可能性が高い。

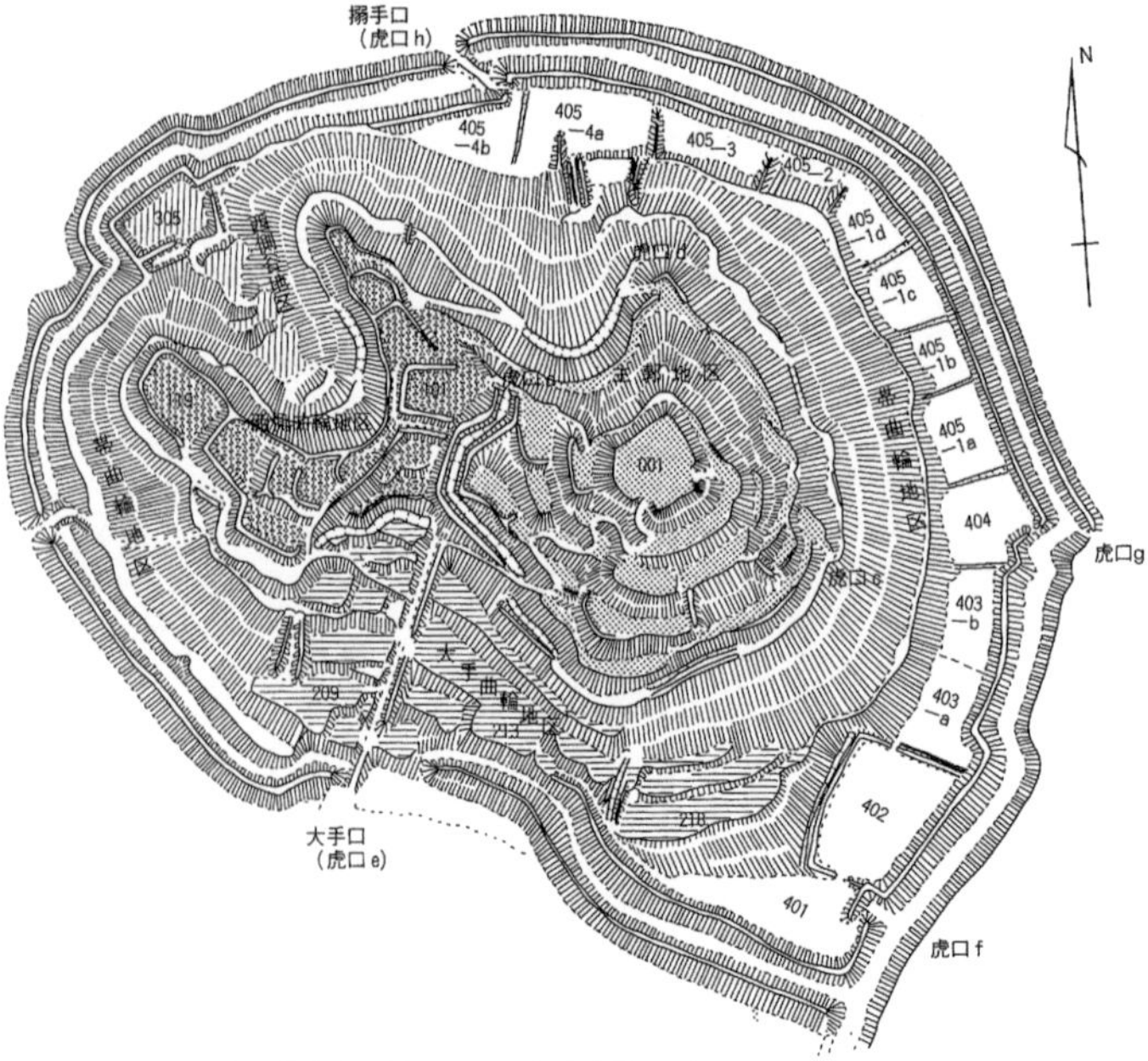


図２　小牧山城縄張図（小牧市教育委員会2005による）

## 城下町の遺構の発見

小牧山城を考えるうえで、今ひとつ重要な点が城下町の構造である。小牧山は信長が城を築くまでは寺院しかなく、廃城後は小牧長久手合戦の際に、一時徳川家康の本陣となるが、城下町が存在したのは信長の小牧山城時代のわずか四年に過ぎない。にもかかわらず小牧山城下は計画的な整然とした町を形成していたことがわかっている。

小牧山の南山麓部での発掘調査より、城下町には東西方向五本、南北方向四本の道が通り、完全な升目とはならないものの、少なくとも七区画以上はそれらの街路によって囲まれる長方形街区を有していたものと考えられている。発掘調査された上御園《かみみその》遺跡は、城下町中央西寄り、小牧山の南西三〇〇〜五〇〇メートルの地点に位置する町屋推定域で、調査の結果、染色に伴うと考えられる埋甕《うめがめ》や坩堝《るつぼ》・鉄滓《てっさい》などの鍛冶《かじ》関連遺物が出土している。

当初こうした城下町は兵農が完全に分離しており、信長時代の城下ではないのではないかとも言われていたが、遺構に伴う出土遺物は十六世紀中頃のものばかりであり、それより時期の下がるものはないので、遺物の年代からは信長段階の城下町以外には考えられない。さらに信長前後に小牧山に城下町の構えられることは考えられず、やはり検出された遺構は信長の小牧山城下としか考えられないのである。

戦国時代の城下町は越前一乗谷遺跡にみられるように武家と町人が混住する構造で、街区も方形区画とはならない。従来では小牧山城下の構造は豊臣秀吉の大坂城下段階に出現するものと考えられていた。しかし、遺物の時代からは信長時代の城下町であり、その先進性は都市史研究からは驚異の構造といってもよいだろう。なぜ小牧山城下でこのような城下町が出現したかについては、信長が小牧山に城を構えるまでこの地は荒野であり、先行する地割りも存在しなかったために、信長は思いのままに城下町が築けたとする説が最も納得できるものとなっている。

## 三　岐阜城

### 美濃攻略成る。稲葉山城へ

永禄十年（一五六七）九月、信長は美濃稲葉山《いなばやま》城の斎藤竜興《さいとうたつおき》を攻め落とし、美濃攻略を果たした。美濃を手中に収めると、すぐさま小牧山城から稲葉山城に居城を移した。落とした敵方の城を直ちに居城とするなど当時の守護や戦国大名では考えられない行為であった。信長は稲葉山城の城下井ノ口《いのくち》を岐阜と改め、城も岐阜城と呼ばれるようになる。

まずその構造を見ておこう。城は標高三二八・八メートルの金華山の山頂に築かれている。山麓の居館部からの比高は三〇〇メートルあり、信長の居城のなかでは最も高い。筆者は一九九六年より実施された岐阜県内の中世城館跡の分布調査で岐阜城を担当し、その縄張り図を作成する機会があった。信長の岐阜城ということで、さぞかし巨大で巧妙な縄張りであろうと思っていたのであるが、調査をおこなって驚いた。当時の普遍的な山城では曲輪、堀切、土塁が設けられるのであるが、岐阜城では小規模な曲輪しか設けられず、堀切も認められないのである。普通ならばこうした岐阜城の構造は小規模な山城となってしまうようなものである。一体、信長は岐阜城をどのように改修したのであろうか。それを解く鍵は金華山の持つ聖地性ではないかと考えている。

写真３　金華山の烏帽子岩

## 美濃支配の拠点を聖地に求めた

岐阜城の位置する金華山の山麓には伊奈波《いなば》神社が鎮座する。伊奈波神社は垂仁《すいにん》天皇の長男で、景行《けいこう》天皇の兄である五十瓊敷入彦命《いにしきいりひこのみこと》を祭神としている。この五十瓊敷入彦命が亡くなった翌年、稲葉山の地に祀《まつ》ったのが始まりであった。その祀られた地が丸山で、天文八年（一五三九）に斎藤道三《どうさん》が稲葉山城を築城するにあたり、現在地に移転した。美濃国三宮である。

その丸山の尾根に三角錐《さんかくすい》状の自然石があり、烏帽子岩と呼ばれており、ここが伊奈波神社の故地である。斎藤道三は美濃支配の拠点を聖地に求めたのであり、信長もそれを踏襲したものと考えられる。小牧山で間々《まま》観音降臨の地に着目したのと同様に聖地に目をつけたのである。美濃の府を押さえるとともに道三の居城であった山に居城を求めたのではなく、

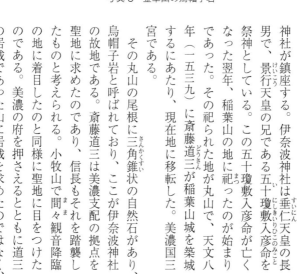

美濃の聖地としての金華山に着目したのである。

岐阜に信長を訪ねた山科言継《やましなときつぐ》は、山頂の「上之権現《ごんげん》」に立ち寄ったことを日記『言継卿記《きょうき》』に記している。この上之権現こそ、山頂の屹立《きつりつ》する岩盤ではないかと見られる。現在の復興天守閣の前面に聳《そび》えている岩盤である。通常の本丸は平坦《へいたん》面となり、天守は天守台に造営している。ところが岐阜城では本丸の平坦地がほとんどなく、自然地形のままであり、通常の山城の本丸とはまったく異なっている。これはその自然地形を重視した結果と言わざるを得ない。それは聖山としての金華山を本丸としたからに他ならない。

### 岐阜城の構造

ではその岐阜城の構造をみておこう。一の門と呼ばれる位置には通路右手に自然の岩盤の高まりがあるが、その周辺には巨石が倒れており、伝承の通りここが城門のあった場所とみられる。両脇には巨石による石列が構えられていたものとみられる。ここを通り過ぎると、左手尾根上は凹状に切り込まれており、堀切であったことがわかる。伊奈波神社所蔵の『稲葉城趾之図』では尾根上にはこの堀切より南側に台所と記されているが、現状では確認できない。

一の門より北に進むと二の門と呼ばれる虎口《こぐち》に至る。二の門は登城道を直角に左折し、さらに大きく一八〇度、右折して二の丸に至る枡形《ますがた》としている。平成三十年（二〇一八）の発掘調査ではこの二の門の切岸《きりぎし》面が高石垣であることが判明した。虎口周辺は石垣によって築かれていたことが明らかとなったのであるが、さらにこの石垣もやはり巨石を用いて築かれており、

写真４　岐阜城の岩盤（上之権現か）

一の門、二の門という虎口部分に巨石を用いていたことがわかった。
　二の門より尾根筋上にとりつき、台所曲輪と呼ばれる曲輪となり、その北方に本丸が位置している。この間の尾根筋幅は極めて狭いが、その両側面は石垣となっている。特に東側は高石垣を二段に構えた構造となっている。ここでは巨石は用いられていない。古式の石垣であることは垂直に積まれた構造からも想像できる。この石垣は永禄十年（一五六七）に信長によって築かれた石垣とみてよいだろう。また、一気に高石垣が築けず、段築（セットバック）工法によって築かれた石垣である。
　高石垣の下は二の門より帯曲輪状の削平地が続き、石垣直下でやや広く加工されており、そこに井戸が存在し、古くより水の手と呼ばれている。この井戸も信長時代のものと考えられる。

そして、通路状の曲輪の先端部が金華山の山頂であり、岐阜城の本丸である。何度も述べてきたが、この本丸は曲輪としての平坦面を有していない。現在は復興模擬天守が建つが、信長時代にここに天守が位置していたか否かは不明である。

さて、天守のない本丸の景観は限りなく自然の山の山頂のようであったと見られる。そこには現在天守閣の前面に屹立する岩盤が見られるが、この岩盤だけが聳えていたようである。丸山の烏帽子岩の巨大版といったところであろうか。これこそが山科言継の見た上之権現だったのではないだろうか。

岐阜城を考えるうえでここ三〇年におよぶ発掘調査とともに、近年の分布調査の成果も注目される。岐阜市教育委員会によってレーザーを用いた詳細な測量図をもとに丹念に現地調査された結果、これまで確認されていなかった遺構が次々と発見されている。そのひとつが搦手門《からめて》である。伊奈波神社所蔵の『稲葉城趾之図』にも搦手と表記はされていたが、現地比定はされていなかった。それが絵図とほぼ同じ位置で痕跡が確認できたのである。本丸より北方向に伸びる尾根筋に位置しており、一の門や二の門と同様に巨石を用いた石垣によって虎口が構えられていた。巨石は崩れてはいるがかつての威容は充分に伝えている。ここでもやはり門部分に巨石が用いられていたのである。

さらにこの搦手で注目されたのが、人頭大の小石材を用いた石垣の発見である。これまで岐阜城では長辺が一メートルを超える巨石が用いられた石垣と、五〇センチメートル程度の石材を用いた石垣が確認されていたのであるが、人頭大の小石材を用いたものが確認されたことにより、少なくとも石材の大きさから三種類の石垣が存在することがわかったのである。巨石材と五〇センチメートル程度の石材は築かれた場所を意識した積み分けであり、同時並行で築かれた石垣の可能性が高い。それは永禄十年（一五六七）の信長による改修とみてよい。一方、人頭大の石材を用いた石垣とは年代差によるものと考えられ、それは信長に先行する斎藤道三・義龍による稲葉山城の石垣とみてよいだろう。岐阜城では道三・義龍の段階ですでに石垣の城造りがおこなわれていたのであった。

### 金華山中腹の遺構群の発見

今ひとつ分布調査による大きな発見が金華山中腹の遺構群の発見である。中腹とはいうものの山頂部から北西に派生する尾根のピークにあり、別の峰といってもよい位置関係である。小規模な削平地であるが、周囲には巨石が点在しており、巨石を用いた石垣によって構えられていた曲輪であった。

この北側山麓には谷筋が広がり赤川洞と呼ばれている。この谷部も踏査の結果、谷川に面して巨石を用いた護岸を施している遺構が確認された。こうした谷川に面して巨石を組むのは金華山の西山麓に構えられた信長居館と同じ構造であり、赤川洞も居館であった可能性が高い。江戸時代の地誌によれば、秀信の居館と伝えている。信長居館に入らなかったのは、この地が父信忠の屋敷であったからではないだろうか。戦国時代では守護・大名クラスは城主とその子

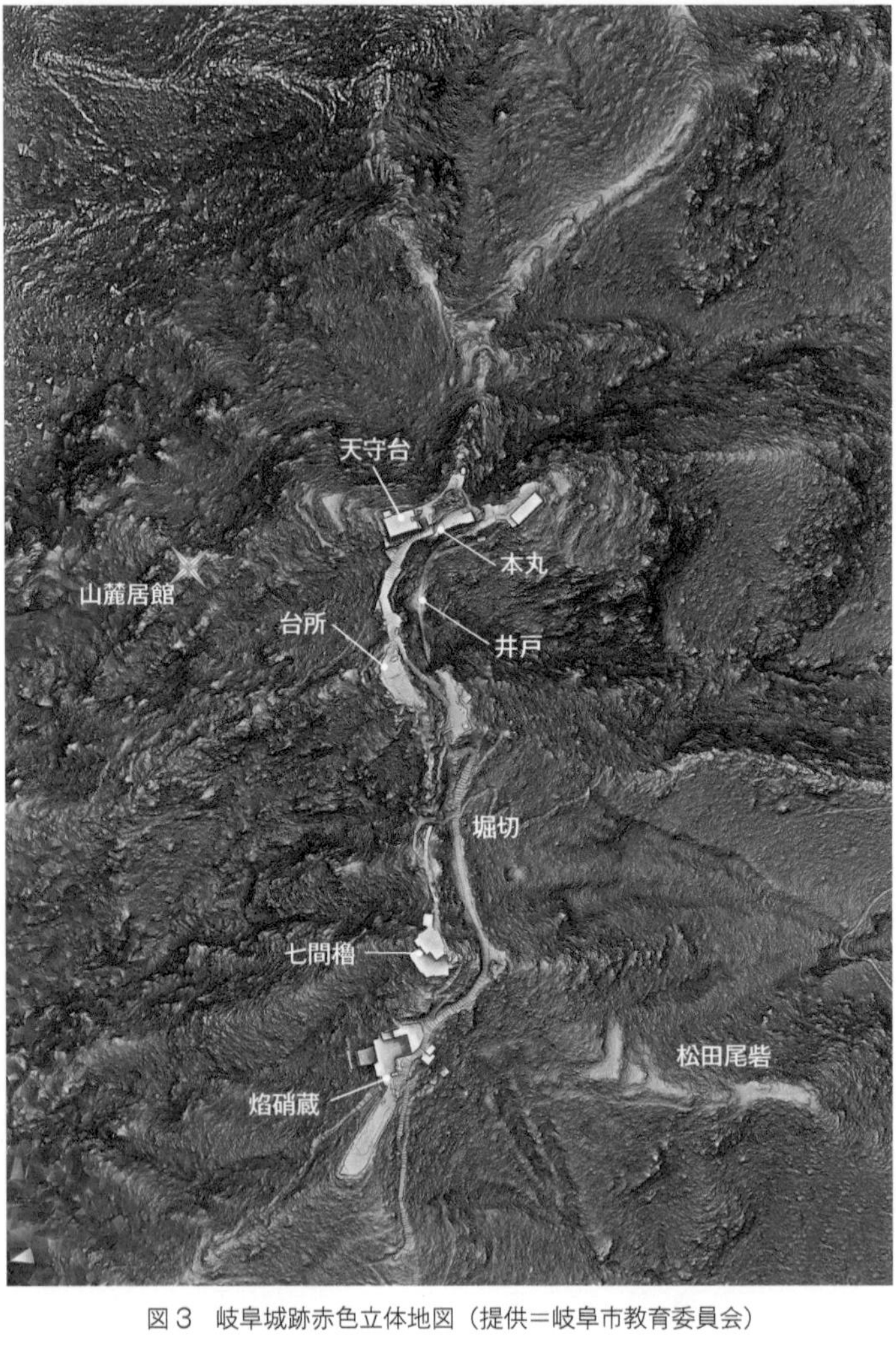


図３　岐阜城跡赤色立体地図（提供＝岐阜市教育委員会）

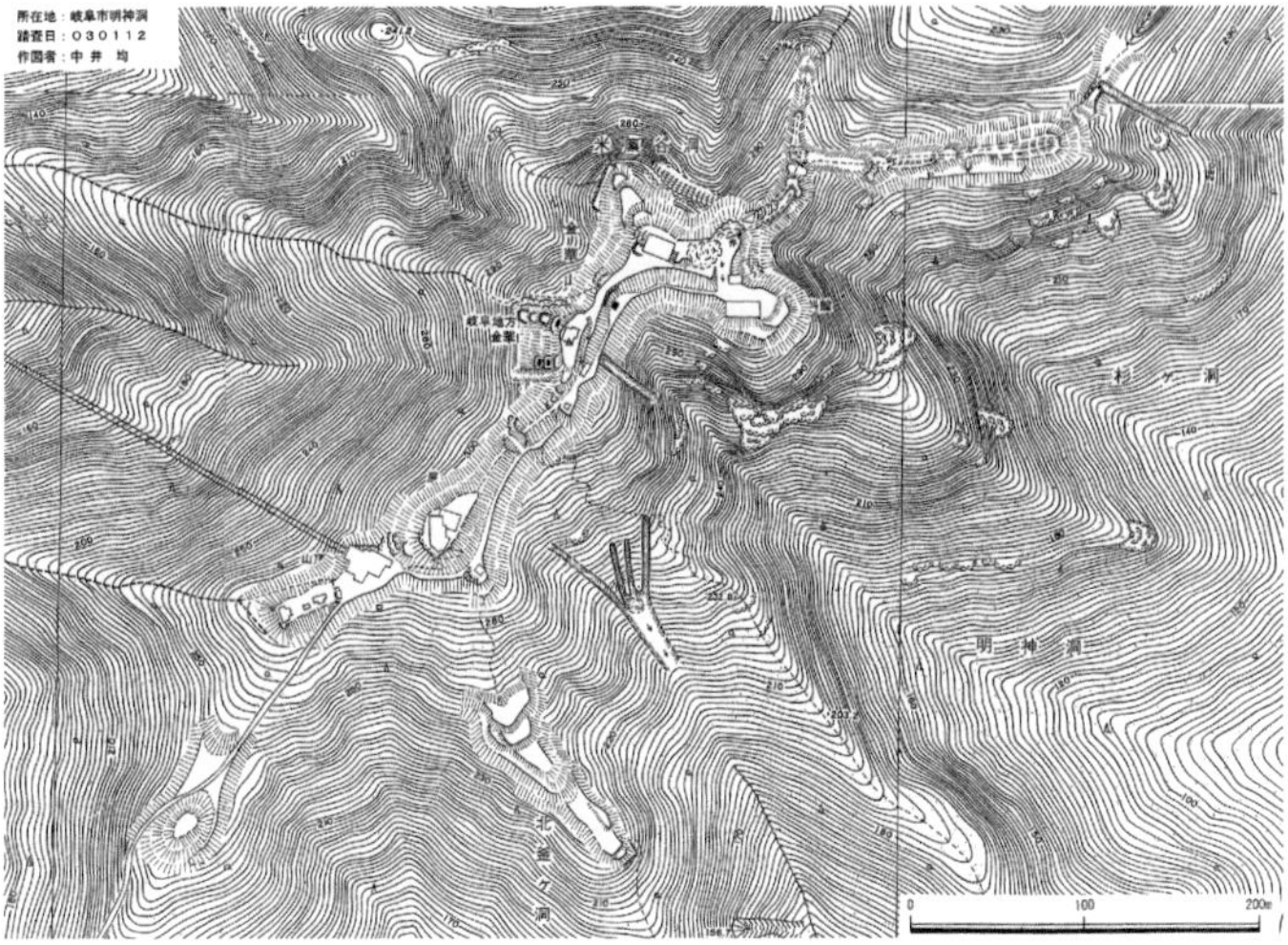


図４　岐阜城縄張図（中井均作図）

息が別々の屋敷にいた。それは江戸時代も同様で、将軍の居城である江戸城では本丸が将軍の居所で、嫡子は西の丸に住んだ。慶長五年（一六〇〇）に筑前《ちくぜん》の国主となった黒田長政《ながまさ》は福岡城を築くが、父孝高《よしたか》は城内で一番高い御《お》鷹《たか》屋敷に住んでいる。城内別居という状態である。これは松江城にも見られる構造で、当主堀尾《ほりお》忠晴《ただはる》は本丸に住んだが、祖父吉晴《よしはる》は本丸と谷を挟んだ上屋敷（北の丸）に住んでいた。こうした構造が岐阜城と中腹の曲輪の関係と考えられ、当初は信忠の居所とその詰城があったと見られ、天正十年（一五八二）の本能寺の変で信忠が没すると、その子秀信が居所としたようである。

　金華山の山頂に信長の詰城、その山麓槻谷《けやきだに》に信長の居館、北方尾根の山頂に信忠の詰城、その山麓赤川洞に信忠の居館が

写真５　岐阜城山麓の巨石を用いた枡形

構えられていたと考えられる。

　金華山の西山麓、槻谷と呼ばれる谷筋には信長の居館が構えられていた。谷の前面では昭和五十九年（一九八四）に第一次の発掘調査が実施され、巨石を用いた石列を喰違いとした虎口が検出された。検出された石列には長さ約二・九メートル、高さ約一・七メートルの巨石が用いられていた。信長居館の玄関口となる虎口をこうした巨石による喰違い虎口としていたのである。宣教師ルイス・フロイスは『日本史』の中で「宮殿は非常に高い山の麓にあり、その山頂に彼の主域がありります。驚くべき大きさの加工されない石の壁がそれを取り囲んでいます。」と記しているが、この虎口のことを述べているのはまちがいない。

　この虎口の一段上段が居館の中心部にあたる。残念ながら後世の削平により礎石の残りは良くなかったが、庭園がいくつか検出されている。園池には玉石を貼り付け、景石のなかには緑泥片岩が認められた。フロイスはこの屋敷（宮殿）について、「四階建ての宮殿であった」と記しており、豪華《ごうか》絢爛《けんらん》な建物や庭園のあったことがわかる。

さらに屋敷の奥には谷筋が続いているのであるが、発掘調査の結果、二段にわたって平坦地が検出された。上段では庭園と礎石建物が検出され、茶室のような侘《わ》びの空間であったとみられる。二段目には土蔵と考えられる建物の基礎が検出されており、茶器などを収めていたと考えられる。

この槻谷の居館の北側は今も清流が流れており、ここには巨石が折り重なっていたが、それは人工的に配置されたものが崩れたものであった。どうも谷川に人工的に岩礁を造り出していたようである。

谷川の北側対岸には岐阜公園の三重塔が建つ。その下段は広い平坦地となっていた。ここで発掘調査がおこなわれたのであるが、平坦地に巨大な園池を持つ庭園が検出された。信長居館との間には橋が架けられており、橋脚部の礎石も検出されている。居館にも庭園があり、この対岸の屋敷地にも広大な庭園が設けられていた景観から、その両屋敷を結ぶこの橋は天空に架かるような橋だったのだろう。

さて、屋敷の庭園であるが、広い園池にはやはり玉石が敷かれ、景石が配されていた。屋敷の東側は金華山の岩壁がそそり立っているのだが、これは人工的に削りだしたものである。さらに庭園の研究からはこの岩壁が滝であったと考えられている。岩壁の滝から園池に清流が流れ落ちていたのである。かつて想像すらできなかった信長の居館の実態がこのように近年の発掘調査で明らかになってきたのである。

### 金箔瓦の出土

山麓居館の発掘調査では、また多くの遺物も出土している。そのなかでもっとも注目されるのが金箔瓦である。

これまで城郭に金箔瓦が用いられるのは天正四年（一五七六）の信長による安土城が嚆矢《こうし》とされてきた。以後金箔瓦は天下人の城郭の象徴となり、許認可のもとで用いられていたことが明らかにされている。信長時代には信長の居城とその子息の城のみに金箔瓦が許された。家臣の城には葺《ふ》くことは許されなかったのである。

岐阜城から出土する金箔瓦は天正四年（一五七六）に信長に替わって城主となった信忠時代に造られたものと考えられていた。信長居館で出土した二点の金箔瓦は方形の飾瓦の中心飾りで、一つは菊紋で、一つは花弁が重なるように何重にも貼り付けられていた。こうした文様はこれまで知られておらず、花の種類は不明であるが、その形状より牡丹《ぼたん》紋と呼んでいる。飾瓦は屋敷建物の大棟に用いられたものであり、この二点は、現在岐阜市重要文化財に指定されている。

同一地点で出土した軒先の丸瓦や平瓦には金箔は認められず、飾瓦のみに金箔が用いられていることより、軒先が金箔となる以前のものと考えられ、信長時代の岐阜城に用いられた金箔瓦の可能性が高い。小牧山城では瓦は一片も出土しておらず、瓦葺建物はまだ存在していなかったが、岐阜城では瓦葺建物が建てられ、特に飾瓦には金箔瓦が用いられたものとみられる。

# 第二章　安土城の構造

前章で信長の築城意図を明らかにしたが、その延長線上に安土城を位置付けることができる。石垣、瓦、礎石建物という三つの要素は岐阜城で出現することが明らかとなったが、それが高石垣、金箔《きんぱく》瓦、天主というものに確実に変化するのは安土城からである。そうした意味においてはやはり安土城は日本城郭に革命的変化をもたらした築城と位置付けすることができよう。本章ではその安土城について分析してみたい。

安土城といえば誰しもが豪華《ごうか》絢爛《けんらん》な天主をイメージする。もちろん天主という高層建築も重要であるが、縄張りと呼ばれる平面構造や石垣についても日本城郭を考えるうえでは非常に重要な問題である。にもかかわらず、こちらはこれまでほとんど議論されることはなかった。本章では信長の安土城について主として縄張りと石垣、そして瓦から分析してみたい。

## 一　安土築城

### 安土は信長個人の居城

天正四年（一五七六）、信長は家督を信忠に譲ると居城を近江蒲生《がもう》郡に築いた。安土城である。岐阜城は織田家の家督を継いだ信忠が城主となる。岐阜城こそが織田家の居城となったのである。ちなみに天正十年（一五八二）の本能寺の変で信長、信忠が討たれると、清須会議の結果、信忠の子息三法師が家督を継ぐ。後の秀信であるが、当初は修築された安土城に入城するが、秀吉は秀信を岐阜城に移して、安土城を廃する。秀吉も岐阜城こそが織田家の居城であ

写真6　安土山全景

るとしたのである。一方で安土城は廃される。安土城は信長個人の居城であった。『信長公記』には、「正月中旬より江州安土山御普請、惟住《これずみ》五郎左衛門に仰付けらる。」（天正四年正月条）と記されており、丹羽長秀《にわながひで》が普請奉行を務めている。正月に築城が開始され、二月には信長がもう安土に移動している。おそらく仮御殿のような建物が先行して建てられたのであろう。信長はそこに本拠を移して、安土築城を直接指導したのであろう。

安土城は標高一九八メートルの安土山に築かれた。現在は埋め立てられてしまったが、当時は琵琶湖《びわこ》の内湖である大中の湖に突出した半島であった。江戸時代の地誌などには信長が築城する以前は愛知郡目賀田城《えちめかだ》の支城が築かれており、安土はその琹（あずち）山に由来すると記しているが伝説の域を出るものではない。恐らくは信長によって初めて城が築かれた山であった。

ただ、古代においては九品寺《くほんじ》と呼ばれる寺院の建てられていた山ではあった。安土城の本丸北方の尾根頂部は薬師平《やくしだいら》と呼ばれ、その寺院の存在の痕跡を示している。さらに薬師平の曲輪《くるわ》配置を見ると、頂部の曲輪に対して南側には中軸線の登城道両側に規則正しく曲輪を配置している。これは坊院配置を踏襲したものと見られる。

## 琵琶湖を支配するにふさわしい場所

さて、信長はなぜこの安土山に新たな城を構えたのだろうか。従来は岐阜では京に遠すぎるので、岐阜と京の中間点である安土を選んだと言われている。しかし、京が遠すぎるのであれば京に城を築けばよかったはずである。実際に信長は永禄十二年（一五六九）将軍足利義昭《あしかがよしあき》のための居城である武家御城（旧二条城）を築いている。安土城は決して京を意識して築いたものではなかったのである。むしろ京とは一定の距離を置いての築城であったと考えられる。

また、安土の地が中山道《なかせんどう》や八風《はっぷう》街道の結節点として軍事的に要衝の地であったからとも言われている。もちろん街道が近辺を通ることは重要であるが、信長は旧来の道に依存していたわけではない。安土の城下には下街道を新たに敷設しているのである。この下街道は江戸時代に朝鮮通信使が通る道となり、現在でも滋賀県民は朝鮮人街道と呼んでいる。

では、なぜ安土だったのであろうか。もっとも重要なのは琵琶湖の存在である。信長は交通

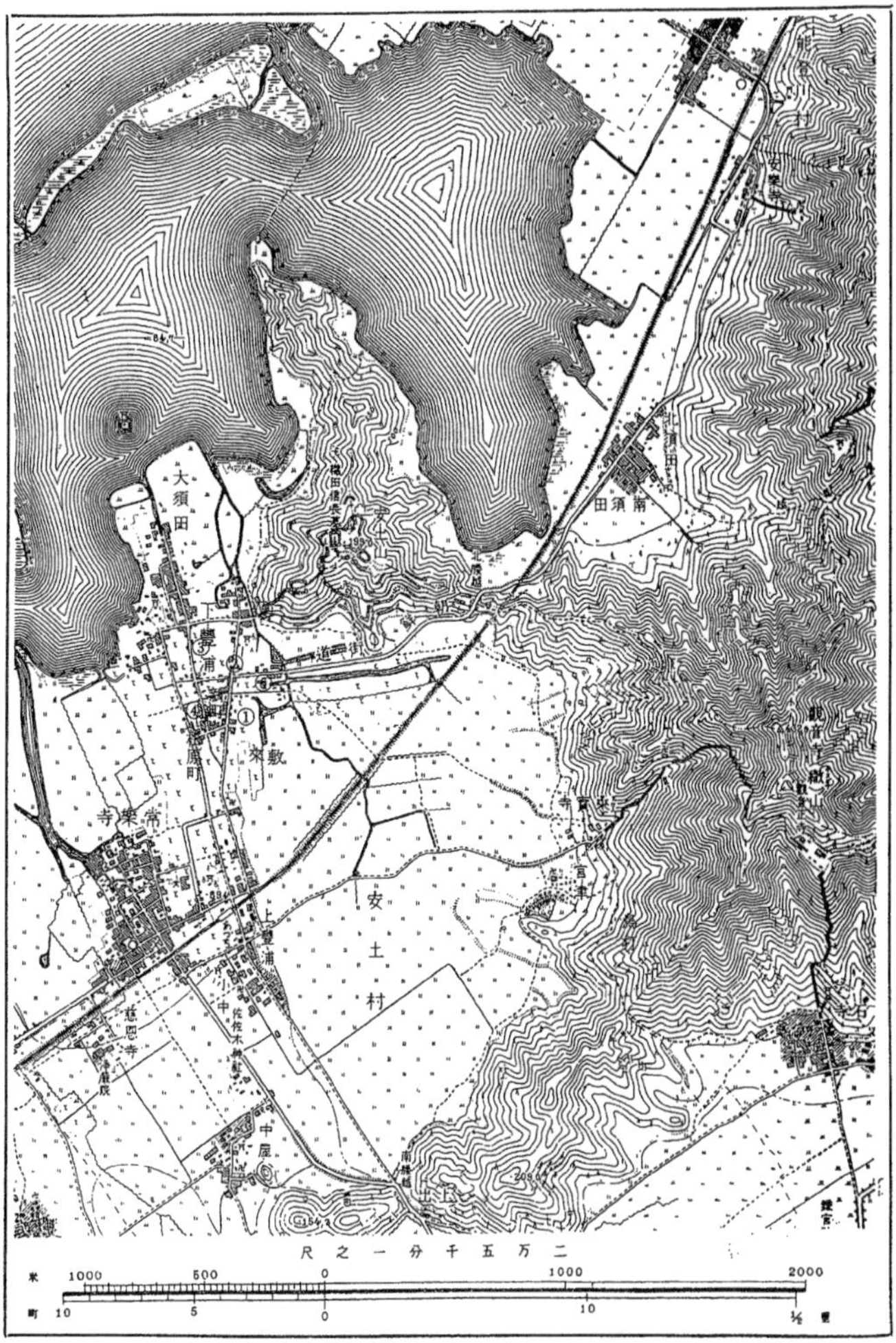


図５　安土山附近の地形（滋賀県 1942 による）

手段として琵琶湖に着目したのである。元亀元年《げんき》（一五七〇）の志賀の陣で浅井《あざい》・朝倉軍と対峙《たいじ》して坂本に布陣する。このときに地政学的に琵琶湖の重要性を痛感したのであろう。兵士や物資の運搬には陸路以上に琵琶湖の水運が機動力に勝っているのを知ったのである。志賀の陣後、比叡山《ひえいざん》を焼き討ちした信長は滋賀郡を明智光秀《あけちみつひで》に与えた。光秀は居城を坂本に築くが、これは信長の着陣した地である。その重要性を知っての築城であることはまちがいない。

この琵琶湖を手中に収めることが天下を掌握するうえで重要であったことから、琵琶湖の中心となる湖東に城を求めたのである。さらに信長は決して山を下りることはなかったので、琵琶湖に臨む山を求めた。そうした選地に適《かな》う地は安土山をおいてほかには見当たらない。まさに安土山は信長の新たな居城を築くには最もふさわしい場であった。

もちろん琵琶湖とは密接に繋《つな》がっておかねばならない。その場所として安土山麓には常楽寺《じょうらくじ》という港が位置している。この常楽寺港を城下に取り込むことにより、琵琶湖の安土城は成立したのである。

## 二　安土城の縄張り

### 構造は山城そのもの

安土城を描いた絵図などは一切残されておらず、どこが『信長公記』に記されている二丸なのかはわからない。現在本丸、二の丸と呼んでいる場所はあくまでも「伝」でしかない。さらに興味深いのは安土城のことを最も多く書き記している『信長公記』のなかに安土城という単語は一切登場しない。『信長公記』では安土城のことを全て安土山と記しているのである。あるいは当時の人々はみんな安土山と呼んでいたのかもしれない。

さて、その構造であるが、本丸を安土山の山頂に配し、階段状に山麓に至るまで曲輪群を配置するものである。実はこうした曲輪配置は戦国時代の山城と何ら変わらない。安土城が信長の居城であるために、その構造も先進的と捉えられるかもしれないが、そんなことはない。本丸の中心に天主という高層建築を構え、本丸、二の丸、三の丸と階段状に配置される構造を「求心性」として捉えることもできるが、天主こそないものの本丸を中心とした階段状の構造は戦国時代の山城と同じである。例えば近江の戦国大名である浅井氏の居城小谷《おだに》城でも山王丸を頂点に、小丸、京極丸、中ノ丸、本丸、大広間、馬場、御茶屋、番所が階段状に配置されている。

さらに後述するが、安土山の南山麓には信長の居館と考えている伝羽柴《はしば》秀吉邸がある。この構造は山頂部の山城と、山麓部の居館という戦国時代の二元的構造そのものである。小谷城の場合も山麓の清水谷に居館を構えているし、越前の朝倉氏の場合も有名な一乗谷の朝倉義景館は山麓の居館であり、山城はその背後に構えられている。つまり安土城の「求心的」な構造は、戦国時代の山城そのものなのである。

## 虎口と呼ばれる出入り口の構造

安土城が戦国時代の山城と大きく異なる点は曲輪配置という縄張りではなく、やはり曲輪の全てを石垣によって構えたことである。石垣の導入により縄張りのなかでもパーツの部分に大きな変化が生じた。それは虎口《こぐち》と呼ばれる出入り口の構造である。

戦国時代の土造りの城でも戦国時代後半になると虎口に変化が生じる。それは単純な出入り口としての平虎口から、虎口両側の土塁をずらすことにより直進を阻む喰違い虎口への進化である。さらに喰違いから枡形《ますがた》へと発展する。枡形とは虎口部分を枡状に土塁で囲い込むことにより、直進を阻止するものである。さらに方形に囲い込む土塁を設けることにより、虎口に入り込んだ敵を門内の三方の土塁より挟撃できる構造となっている。近世の城郭では特に慶長五年（一六〇〇）の関ヶ原合戦以後に築かれた城郭では見事な内枡形が石垣によって完成する。江戸城や徳川大坂城では一の門と呼ばれる高麗門《こうらいもん》を入ると、正面は石垣となり、左か右に折れると二の門と呼ばれる櫓門《やぐらもん》が配置されている。敵が侵入する場合、一の門、二の門ともに閉じられているのだが、もし、一の門を破られても、敵は枡形の中で二の門の櫓門は閉じられているので、正面、左右の石垣上に構えられている多聞《たもん》櫓や櫓門上の三方から挟撃されることとなる。

戦国時代後半の土の城では、こうした喰違いや枡形が試行錯誤されながら発達していく。一方で虎口を防御するために虎口自体を前面で守ろうとする施設も設けられるようになる。その基本形は虎口の片側の土塁線に屈曲をつけ、虎口に対して側面から攻撃を加えるものである。

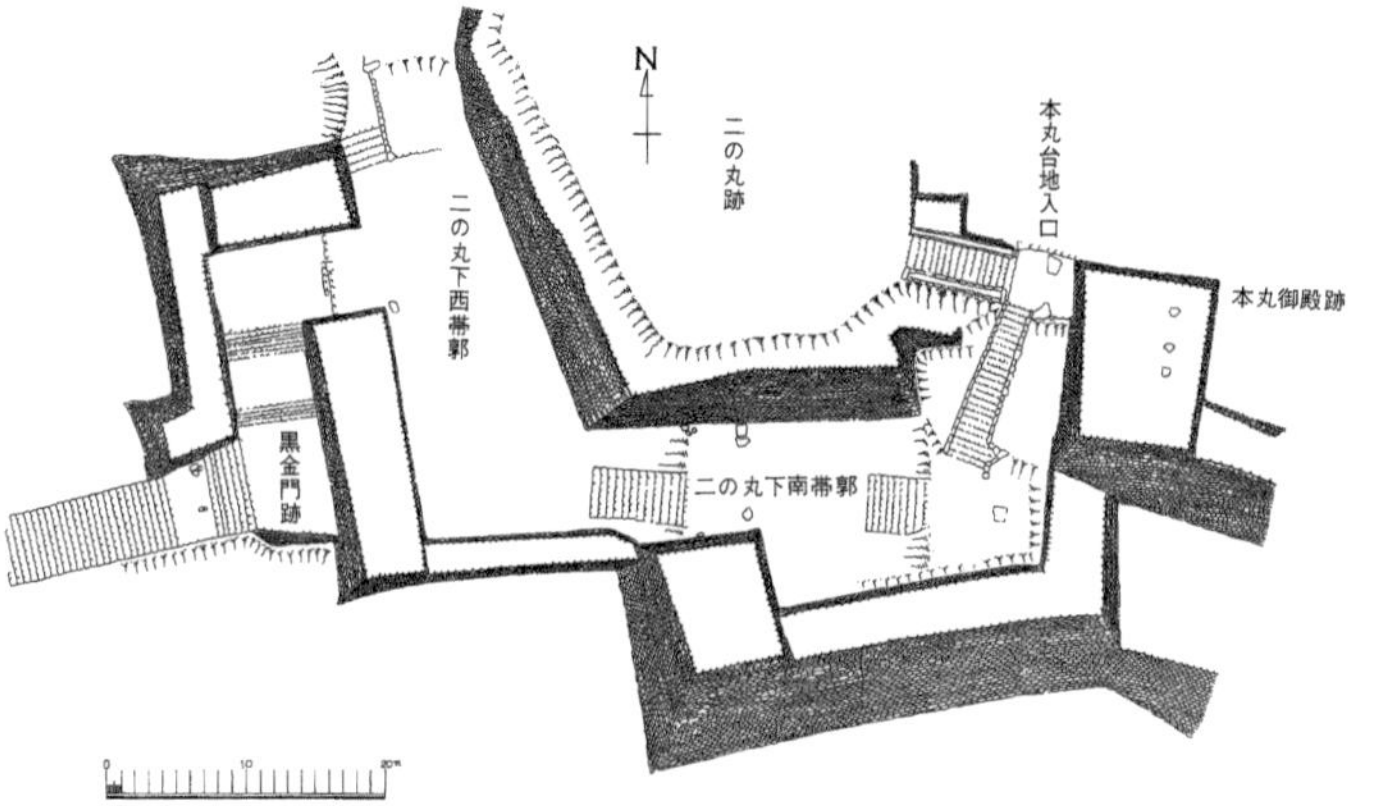


図6　安土城黒金門及び二の丸附近平面図（滋賀県 1965 による）

こうした側面攻撃を横矢と呼び、屈曲を折《おり》と呼ぶ。虎口に対して片側だけに折を設けるものと、両側に折をつけるものがあり、両側のものを相横矢と呼ぶ。

さらに虎口前面防御として構えられた施設として馬出《うまだし》がある。虎口前面に堀を巡らせた小曲輪を設けて虎口を防御するものである。半円形に構えた馬出を丸馬出と呼び、方形に構えられたものを角馬出と呼ぶ。丸馬出は武田氏や徳川氏が多用し、近世の城郭にも引き継がれる。角馬出は北条《ほうじょう》氏や北関東で多用され、やはり近世城郭にも引き継がれていく。ただ興味深いのは信長は馬出を用いた城郭を築いていないことである。戦国時代後半に多様に発達した虎口に対して、信長は全てを導入したのではなく、取捨選択をおこない織豊系城郭を築くのである。

## 信長が選択した枡形

信長が選択したのは枡形であった。安土城では黒《くろ》金《がね》門に顕著に認められる。黒金門は石段を直進したところに構えられている。正面に石垣を構え、まず左に折れさせる。折れた正面にも石垣が構えられ直進を阻んで今度は右折れをさせて城内に入るという二回の屈曲を設けた城門となる。枡形という空間は設けられず、ただ城道を二回折れさせる構造である。その屈曲を設けるために石垣を嘴《くちばし》のように突出させていることより、村田修三氏はこうした信長系の枡形虎口を嘴状虎口と呼んだ。

黒金門の構造により、門を入ると、その前面には二の丸の高い石垣が聳《そび》え立っており、城内に入り込んだ敵はその高石垣上に構えられた櫓や塀からの頭上攻撃に晒《さら》されることとなる。これは枡形という空間はないものの、二の丸が巨大な枡形内側正面の石垣と同じ効果を狙って計画的に配置されたものであることがわかる。

黒金門は外枡形と呼び得る構造であり、極めて防御性の高い虎口であるが、それと同時に門としての意識も強く、ここに巨石を多く配置している。見せるための鏡石としての巨石を用いた虎口であった。安土城という城郭はこの黒金門の内部が狭義の城郭であり、黒金門の外側は武家地や居館を配置する広義の城郭であった。

黒金門のような嘴状の外枡形は本丸の北側、八角平への虎口にも用いられている。安土城の中心部に出入りできる虎口は黒金門が正面で、八角平への虎口が搦手《からめて》にあたる。これらに外枡形が構えられていたのである。今ひとつの虎口が本丸の南辺の東端に構えられている。この虎口は平虎口となるが、両脇の石塁が凸状に突出しており、櫓門が渡されていた可能性がある。ところで外枡形の場合、どの位置に門が構えられていたのであろうか。黒金門では城内側の石塁上に櫓門が構えられていた可能性が高い。枡形の外側は何も建物がなく、オープンになっていたものと考えられる。これは後の秀吉の城郭も同様で、浅野文庫蔵『諸国古城之図』や徳川幕府大工頭の中井家所蔵の大坂城絵図にも本丸御門は外枡形として描かれ、門は枡形の城内側にのみ描かれている。また、肥前名護屋《なごや》城の山里口では発掘調査によって外枡形虎口では城内側にのみ門が構えていたことが確認されている。

黒金門は城外側の石段を上がった踊り場状の平坦地に礎石と見られる平坦な石が配置されている。安土城の場合、黒金門では外側にも城門が構えられ、内側には櫓門が構えられていた可能性も考えられる。

中心部の北側には八角平と呼ばれる曲輪が配置されるが、その間の鞍部《あんぶ》は堀切状となり石垣を貼った土橋がかかる。八角平はその名の通り、曲輪の北辺をシノギ角という鈍角の出隅《ですみ》部を六回屈曲させ円形に近い構造としている。

なお、八角平の堀切の東側谷筋には三段に石垣を組んだ井戸が設けられている。そしてこの谷筋は山麓に向かって両側に石垣を階段状に構えて曲輪を構えている。かつてはこうした谷筋の平坦面が家臣団の屋敷と考えられていた。しかし、谷筋の開口部での発掘調査では船溜まりの痕跡が検出された。その痕跡とは湖の底部を浚渫《しゅんせつ》して内湖の底を深くし、城の際まで舟が入るようにしていたことである。また、調査ではこの港から付札木簡が出土している。木簡には「二斗五升　又三郎／市郎兵へ」（表）、「卯月十日本郷」（裏）と書かれており、琵琶湖から安土城東岸に構えられた港に米が運び込まれていたことを示している。谷筋に階段状に配置され

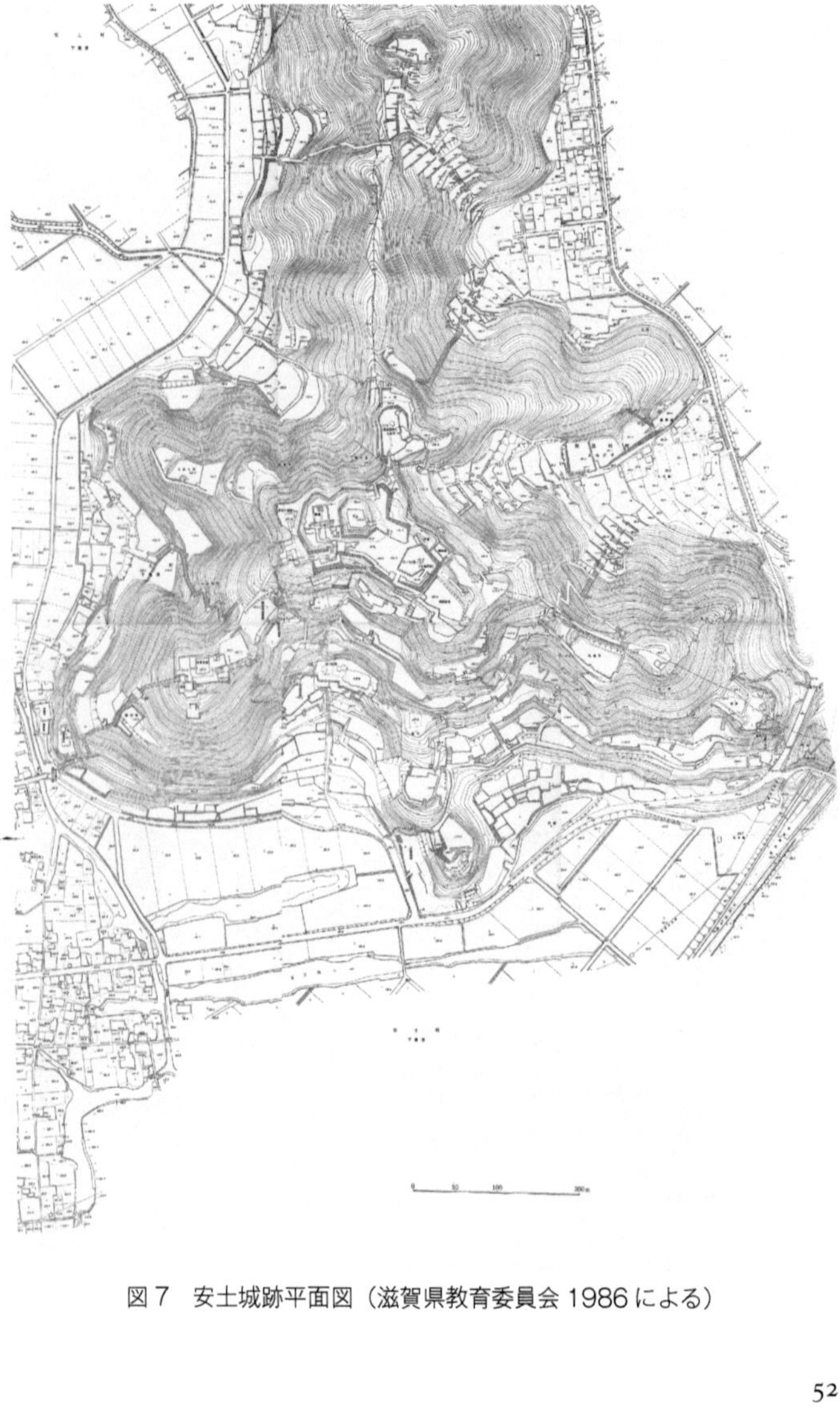

図７　安土城跡平面図（滋賀県教育委員会 1986 による）

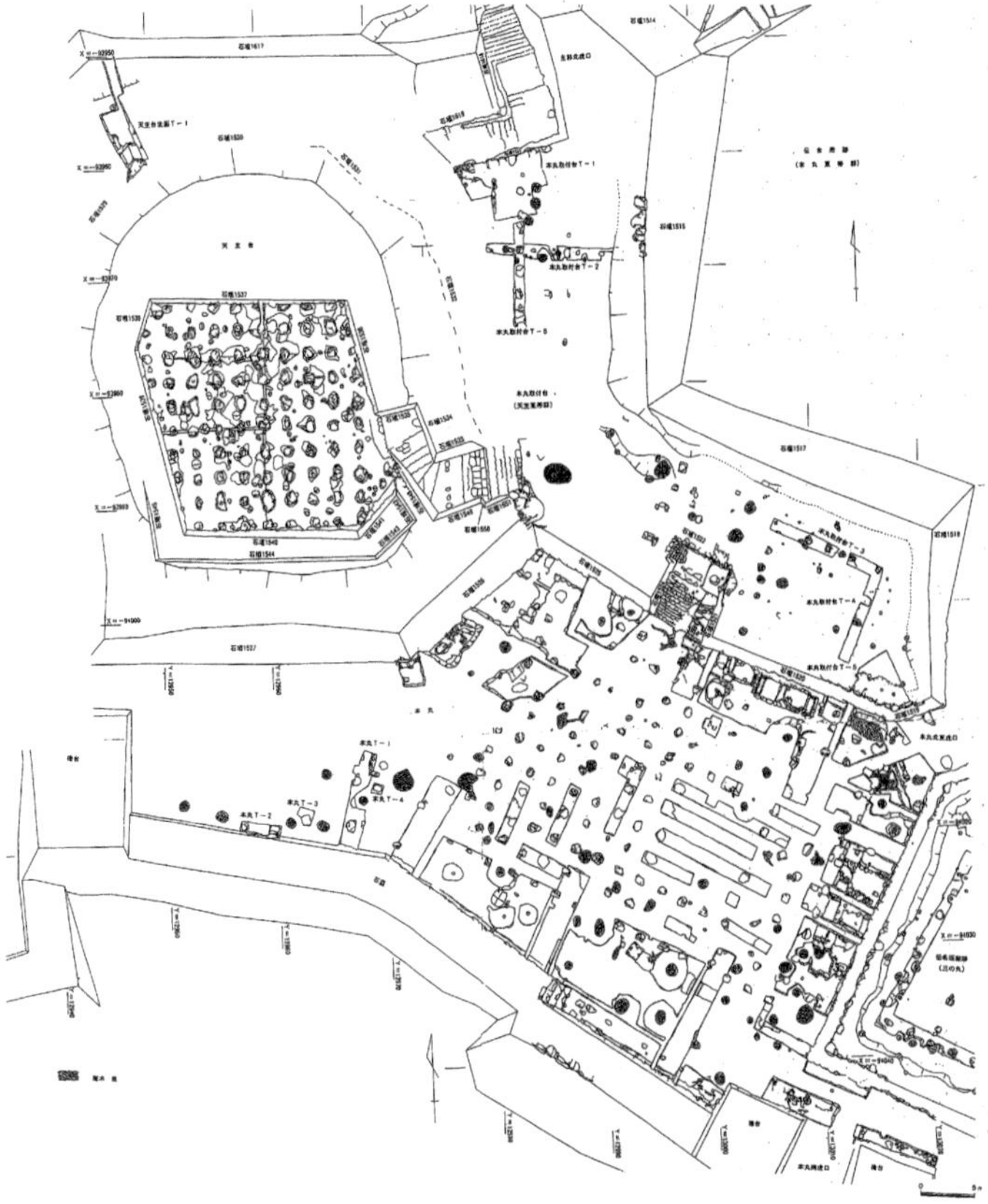

図８　安土城天主台・本丸の発掘で検出された遺構平面図
（滋賀県教育委員会 2002 による）

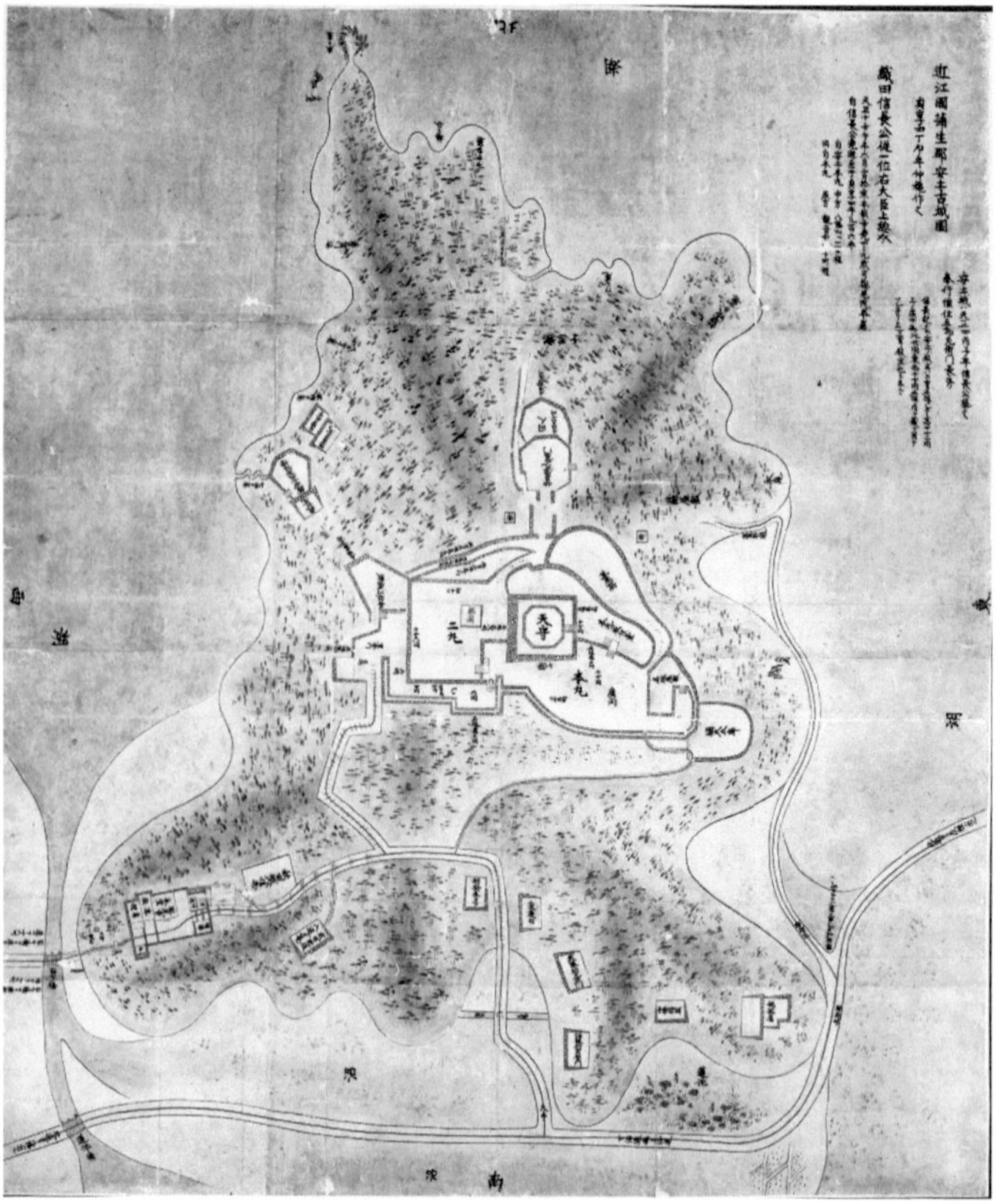

写真７　近江国蒲生郡安土古城図
（滋賀　摠見寺所蔵）

た曲輪群は陸揚げされた様々な物資を運び入れた倉庫などの構えられていた曲輪であったものと考えられる。

安土山にはこうした谷筋に階段状に構えられた曲輪群がいくつか存在するが、それらは家臣団の屋敷や倉庫群などであったとみられる。さらに尾根筋には八角平のさらに北方には薬師平が構えられている。この薬師平の名称はここに寺院が存在していたことに由来する。それは九品寺のあった場所ではないかとみられる。この辺りになると、中心部に構えられる外枡形などの防御施設はまったくなくなり、ただ曲輪が点在するだけとなり、その構造差ははなはだしい。

こうしてみると中心部の枡形などが石垣によって構えられる発達した縄張り構造が認められるのであるが、谷筋や尾根筋の曲輪配置は極めて単純で、発達した構造はまったく認められない。それは戦国時代の山城とほとんど変わらないものであった。安土城の新機軸は石垣による枡形の構築、瓦葺《ぶ》き建物、天主という高層建物の三点セットだったのである。

## 大手道

平成元年（一九八九）、滋賀県教育委員会は安土城跡の発掘調査を開始した。その最初に調査されたのが、いわゆる大手道《おおてみち》と呼ばれる城跡南側の石段道であった。ここでいわゆるとしたのはこの石段道がはたして大手道なのかという疑問である。信長が築いた時代に記された史料に安土城の大手というものは一切残されていない。絵図で最も古いものは、摠見寺《そうけんじ》に所蔵されている貞享《じょうきょう》の絵図と呼ばれるものである。この絵図は貞享四年（一六八七）に作成されたと記

写真８　安土城大手道

されている。それは安土城が炎上した天正十年（一五八二）より百五年後の城跡を描いたものであり、決して安土城を描いたものではない。信長の百年遠忌に伴い製作された可能性が指摘されている絵図である。

この絵図に下街道（後の朝鮮人街道）より城の南側内堀に設けられた土橋に大手道と記されている。このことからその延長線上にあたる南側石段道が大手道と呼ばれるようになったのである。

発掘調査の結果、現在の石段道の下から信長時代の石段が検出された。その規模は幅約六メートルにおよび、上面に近代になって築かれた石段の三倍もの広さであった。さらに両側の屋敷地との境には側溝が設けられていた。この調査でもっとも驚かされたのは石段道が現在の

写真９　安土城百々橋口

摠見寺の石垣の下に続き、山麓より約一八〇メートルも直線に造られていたことである。このため、調査直後より日本でもっとも長い直線の大手道と称されるようになった。

ただ、ここで注意しておきたいのは大手道とは何かということである。大手道とは城下町を貫通する道路のことであり、大手門に至るまでの道を指す。つまり城内道は大手道とは呼ばないのである。この安土城の大手道は正しくは大手門より本丸に至る城道ということである。

さらにこの南側石段道は大手門内の城道とも呼べる施設ではない。大手道とは城下町を通ることに意味を持つ。ところが、この城道の外側は内堀であり、さらにその外側は下街道が通るのみで城下町は存在しない。安土城の城下町は、半島状の安土山の西側に配置されていた。ここは微高地で地盤も安定してい

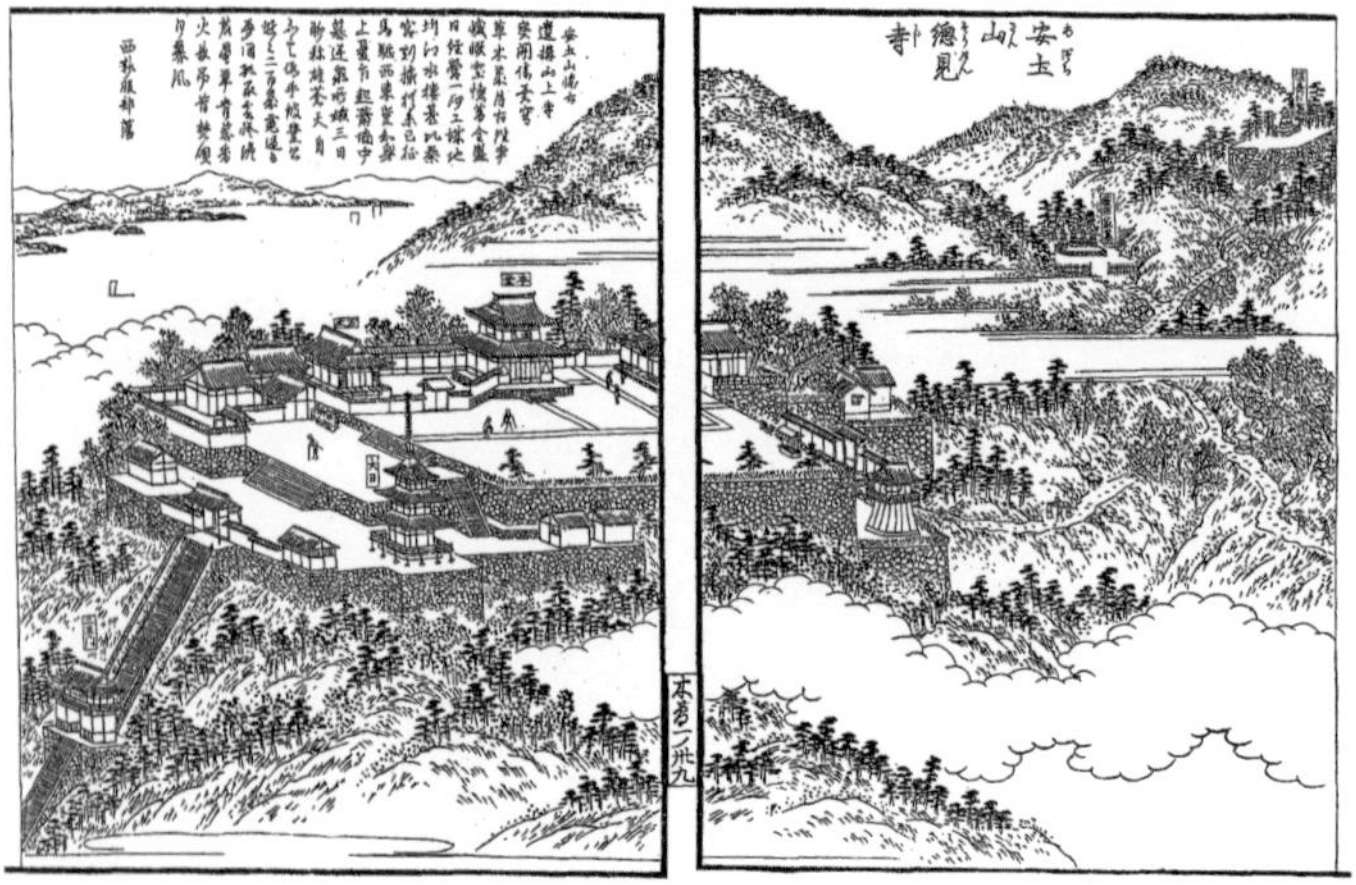


図９　『近江名所図会』に描かれた摠見寺

たため城下町に取り込まれたところである。現在でも東側の低湿地からは三メートルほど高い。ここに城下町が営まれ、大手道が敷設されていたと見るべきであろう。

そうなると大手門はどこだったのだろうか。私は百々橋《どど》こそが大手門であったと考えている。城下町を通って内堀を超えた正面の百々橋に大手が構えられていたのである。百々橋からは安土山の西側に石段道が敷設されており、その登りきったところには摠見寺が建立されており、石段道を登りきると仁王門がある。

## 秀吉、家康の屋敷跡は本当か？

人々は摠見寺に参拝すると、その背後に聳える安土城天主も拝むこととなったのである。

『信長公記』には「正月朔日、隣国の大名・小名御連枝の衆、各在安土候て、出仕あり。百々橋より惣見寺へ御上りなされ、生使故群集にて、」（天正十年正月朔日条）と記されている。

この摠見寺は臨済宗妙心寺派の寺院で、信長が尭照を招いて創建したものである。興味深いのは現存する三重塔（国重要文化財）は甲賀《こうが》の長寿寺にあったものを移築しており、二王門（国重要文化財）も甲賀郡の柏木神社より移築されていることである。ちなみに安土城下の西の限りと考えられ、安土宗論がおこなわれた浄厳院の本尊阿弥陀《あみだ》如来坐像（国重要文化財）は犬上《いぬかみ》郡より移されたものである。

かつての摠見寺の伽藍《がらん》は文化《ぶんか》十二年（一八一五）に刊行された『近江名所図会』に描かれている。二王門を入ると右手に三重塔が、左手に書院、本堂、そして最奥部に鎮守社を配置する伽藍であったが、嘉永《かえい》七年（一八五四）に火災に遭い、三重塔と二王門のみが残り、現在大手と呼ばれる伝徳川家康屋敷の地に仮本堂が建てられている。

この摠見寺の二代住持となるのが岩倉織田家の信安の三男にあたる正仲剛可である。以後、徳川幕府は摠見寺住持を信長の血縁者に限って任命している。信長の城跡は信長の墓所となったのである。

さて、話を大手道に戻そう。実際の大手道は百々橋までで、そこからは城道となり摠見寺を通って城内に至った。では、現在大手道と呼ばれる石段道は何だったのだろうか。石段道の城外は内堀を隔てて下街道となる。恐らくこの街道から城下を経由せず直接城内へ取り付く道であった。それは信長や来訪者のみが用いることのできる特別の城道であったと考えている。直線に計画されたのもこうした特別の来城者の登城道であったからこそと考えると納得できる。

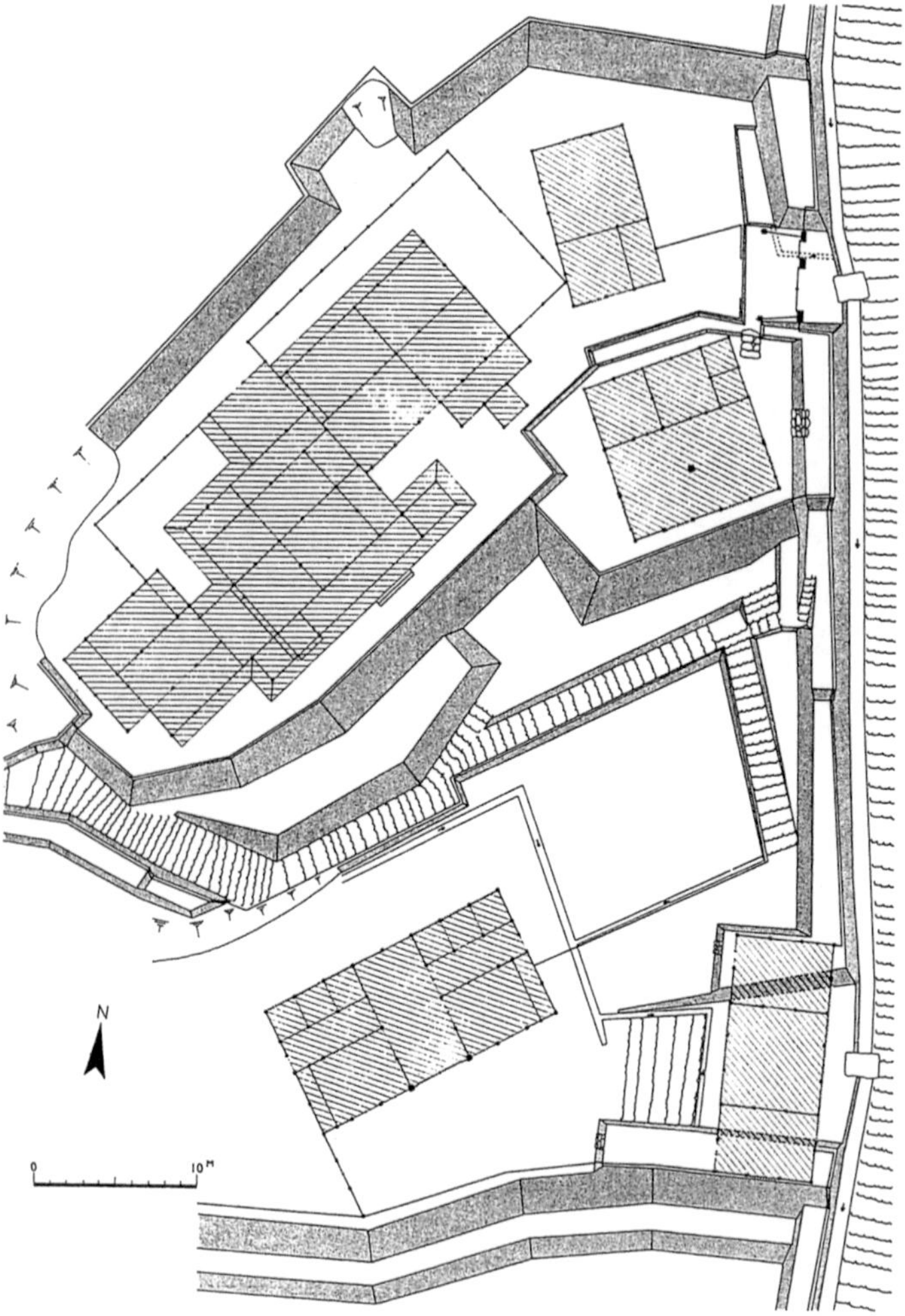


図 10　安土城伝羽柴秀吉邸跡復元配置図（滋賀県教育委員会 1996 による）

この大手道と現在言われている南面石段城道（以下現在大手道と呼ばれる城道をこう呼ぶ）の両側には、階段状に平坦面が構えられている。『信長公記』に「御馬廻御山下に各屋敷下され、面々手前手前の普請申付けらる」（天正四年二月二三日条）と記されているものをこの両側平坦面が想定されている。その根拠となったのが貞享の絵図である。絵図では南面石段城道の左側に羽柴秀吉、右側に徳川家康と記している。数多くの平坦面が存在するなかで名前が記されているのはこの二人だけである。

絵図に記された秀吉邸では発掘調査が実施されており、検出された遺構は上下二段からなる広大なものであった。調査の成果では上段が御殿空間、下段が馬屋としている。そして南面石段城道から下段への出入り口には門の礎石が検出されているのだが、その門は櫓門として復元案が示されている。

まず、特別な登城道と考えられる南面石段城道を入ってすぐのところに秀吉が屋敷を構えることができるのだろうか。石段城道の両側には点々と削平地が設けられているのに貞享の絵図では秀吉と家康しか記していないのは、この二人こそが江戸時代に知られている人物であったからに他ならない。安土築城段階で信長軍団での家臣のランクは柴田《しばた》勝家《かついえ》、佐久間信盛、丹羽長秀、滝川一益、明智光秀、羽柴秀吉という序列であろう。そのなかで秀吉が南面石段城道に面して屋敷が構えられたとはとても考えられない。

中下級の家臣たちへは「西北海の口に舟入、所々にほらせ、請取の手前手前に木竹を植えさせ、其上に堀を塡めさせ、各屋敷下され候」（『信長公記』天正八年閏三月十六日条）とあり、城下に屋敷地が与えられた。現在城の西山麓の大中の湖岸に「川尻《かわじり》」「高山」「備中《びっちゅう》」「大蔵」「金森」などの小字が残り、川尻与兵衛《よひょうえ》、高山右近、金森長近らの屋敷があった場所とみられる。秀吉もこうした城下に屋敷を与えられていた可能性がある。

さらに安土城では南側石段城道だけではなく、大手と考えられる百々橋から摠見寺に至る谷筋、搦手と言われる能登川《のとがわ》側の谷筋、八角平の谷筋、薬師平の谷筋など幾重にも谷筋があり、そこにも階段状に平坦地が石垣によって構えられている。こうした谷筋も家臣団の屋敷であった可能性が高い。

では徳川家康の屋敷はどうであろうか。これも私は可能性は低いと考えている。南側石段城道は信長の登城道であり、それ以外も極めて特別な登城道として信長に許された来訪者のみが用いる道であった。その両側に展開する曲輪群は公的施設か、もしくは信長の一門の屋敷地であったと考えている。特に二段に構成される伝秀吉邸は位置的にも構造的にも屋敷地群のなかでも突出した屋敷である。私はそれを信長の居館であったと考えている。

信長の居城を見るとすべて山城であるという特徴があるが、さらに二元的構造で、小牧山城では東南山麓に堀を巡らす巨大な方形館が検出されており、信長の居館と見られている。岐阜城も金華山の西山麓に信長居館が構えられている。安土城も同様に山城であり、山麓にも居館が構えられていたと見るのが自然である。山頂の本丸に構えられた御殿は極めて特別な居館、天主は信長個人のプライベートな空間、伝秀吉邸は対面所としての公的な居館であったと見られる。

## 三　安土城の石垣

### 総石垣の城

安土城の基礎を構成するのは石垣である。小牧山城、岐阜城でも石垣が用いられているが、安土城では屋敷地までもが石垣によって築かれる総石垣の城となる。この安土城の石垣を築いたのが穴太衆《あのう》と言われてきた。穴太とは近江にある地名であり、その周辺に居住していた石工集団を穴太、穴太衆と呼んでいる。現在も京阪電鉄石坂線の終点坂本比叡山口駅の二つ手前に穴太《あのお》駅がある。

しかし、『信長公記』には「観音寺山・長命寺山・長光寺山・伊場山、所々の大石を引下し、千・弐千・三千宛にて安土山へ上せられ候。石奉行、西尾小左衛門・小沢六郎三郎・吉田平内・大西、」（天正四年四月朔日条）とあり、穴太衆が積んだとは一切書かれていない。『信長公記』には安土築城に関わった様々な工人が記されている。「瓦、奈良衆」、「大工岡部又右衛門」、「白金屋の御大工宮西遊左衛門」、「漆師首刑部」「御絵を狩野永徳《かのうえいとく》」である。ところが石工に関しては記されていない。これは石工が書かれるほどのものではなかったことを示唆している。

穴太衆と安土城との関係が記されているのは『明良洪範《めいりょうこうはん》』という書物で、「又石垣を築にあのふ築と云仕方あり、江州にあのふと云所あり、其所にて古より石の五輪を切出し、其外都て石切の上手多く有所也、夫故、信長公天守を建られし時、同国の事故、あのふより石工を多く

写真10　穴太駅

呼寄仰付けられしより、諸国にても此を用ひしに、次第に石垣の事上手に成て、後には五輪を止て石垣築のみを業としける。以来は諸国にても通名になり、石垣築者をあのふと云習はしける」と記されている。ところが『明良洪範』は江戸時代中期に成立したもので、同時代史料ではない。穴太に関しては『兼見《かねみ》卿記《きょうき》』に天正五年（一五七七）のこととして、「穴太を召し寄せ石懸け普請す。醍醐寺清滝の御修理也」（九月二四日条）とあり、石工のことを穴太と呼んでいたことはまちがいない。また、この穴太は近江の石工だけではなく、石垣を積む職能集団そのものを指す場合がある。

　穴太衆の積む石垣を穴太積みと呼んでいるが、その特徴は自然石を積む野面《のづら》積みである。この穴太積みの典型例が大津の坂本にある里坊の石垣である。以前は里坊の石垣は十六世

写真 11　日吉三橋の石垣

紀以前のもので穴太衆が積んだと言われていた。ところが発掘調査の結果、里坊の石垣は十八〜十九世紀のものと判明した。最も古いと考えられる日吉三橋で十六〜十七世紀にしかさかのぼらない。つまり穴太衆が築いた戦国時代の石垣で現存している事例はほぼ存在しないのである。

こうした事実から安土城跡に残る石垣が穴太積みであるということはできない。むしろ小牧山城や岐阜城で石垣を積んだ工人たちが、そのまま動員されたと考えるべきであろう。小牧山城、岐阜城の石垣の特徴として巨石を用いた石垣であることがあげられる。十五世紀後半に城郭に石垣が導入されだすのであるが、信長の石垣だけが他の城郭石垣とは違う方向性を示している。それが巨石を用いて石垣を積むということである。

この小牧山城や岐阜城の石垣に対して安土

写真12　安土城黒金門の巨石

城では巨石が用いられていないイメージがあるが、『信長公記』には「大石を撰取り、小石を撰退けられ」（天正四年四月朔日条）と記されており、実は安土城にも巨石が意識的に用いられていることがわかる。例えば黒金門の石垣には一辺が一・五メートルを超える巨石が点々と用いられている。また、二の丸への登城道脇の石垣にもやはり長辺一・五メートルを超える石材が認められる。さらに『信長公記』には「蛇石と云ふ名石にて勝たる大石に候間、一切に御山へ上らず候。然る間、羽柴筑前・滝川左近・惟住五郎左衛門三人として助勢一万余人の人数を以て、夜日三日に上せられ候。」（天正四年四月朔日条）と記されている蛇石の存在がある。あえて『信長公記』に記されているのは安土築城に巨石を用いていることを明記しておきたかったからであろう。

　このように安土城の石垣は小牧山城、岐阜城の石垣の延長線上に位置付けできるものであり、その工人集団は小牧山城、岐阜城の石垣を築いた工人たちによって組織されたことは明らかである。しかし、その規模は小牧山城や岐阜城とは比較にならない大規模なものであり、従来の工人集団だけではとても築けるものではない。そこで近江在地の石工たちも招集されたものと考えられる。そのなかに穴太や馬淵《まぶち》の石工、金剛輪寺の石工などが動員されたのである。そうしたなかで穴太は石垣普請に特化していくことにより、職能集団となっていったものと考えられる。

## 慶長の築城ラッシュを支えた穴太

　安土築城による日本城郭の革命的変化はその後の築城に大きな影響をおよぼす。特に慶長五年（一六〇〇）の関ヶ原合戦後の大名の転封に伴い列島全域で新たな築城がおこなわれる。これを慶長の築城ラッシュと呼ぶが、安土築城からこの慶長の築城ラッシュによるまで石垣によって築かれた城は一〇〇ヶ城を超える。それらの石垣構築に従事、あるいは指揮したのが穴太であった。安土城の石垣は小牧山城、岐阜城の石垣の系譜上に位置付けできるのであるが、その後の石垣構築の技術は小牧山城や岐阜城、安土城の石垣を築いた工人ではなく、穴太など新たに城郭の石垣普請に目をつけた工人たちだったのである。

### 胴木工法を導入した最初の事例

今ひとつ安土城の石垣で重要な工法が明らかにされている。それは石垣の基底部に胴木《どうぎ》を据える工法である。安土城大手正面の堀に面する石垣の調査で石垣の基底部に胴木が据えられていたことが判明した。胴木とは松材などを梯子《はしご》状に組み、その上に石垣の基底部を載せ、そこから石垣を積み上げていく工法である。堀などに面する軟弱地盤に多く用いられるのは、一ヶ所で沈下が生じるとそこから石垣が崩れてしまう。それを防ぐために石垣を均等に沈下させるための土木施設として用いられたものである。安土城大手の胴木には十二世紀頃の柱材が転用されており、柱にはホゾ穴も認められた。

石垣構築では正面に見える石材や積み方だけではなく、背面の栗石《ぐりいし》の状況や、基礎石をどう組んだのかなど目に見えない部分の工法が極めて重要である。胴木も石垣構築にとって重要な工法となり、以後の近世城郭にも引き継がれていく。今のところこの胴木工法を導入した最初の事例が信長の築いた城郭の石垣であった。安土城に先行して元亀二年（一五七一）の細川藤《ふじ》孝《たか》の勝龍寺《しょうりゅうじ》城、元亀三年（一五七二）の明智光秀の坂本城で、直後のものとして、天正八年（一五八〇）の池田照政《てるまさ》の兵庫城で胴木が検出されている。

## 四　天主

### 『天守指図』の存在

安土城では天主を語らないわけにはいかない。安土城の天主がどのような姿であったのかは古くより様々な復元案がなされてきた。例えば昭和五年（一九三〇）に名古屋高等工業学校の土屋純一博士が、昭和十一年（一九三六）には古川重春氏らが復元を試みている。

現在安土城天主のもっとも広く知られている復元案は昭和五十一年（一九七六）に名古屋工業大学の内藤昌博士によるものである。戦前の復元案が初層の平面構造が方形となるものであったことに対して内藤博士の復元案は不等辺七角形という現存する構造と一致している。これは内藤博士が静嘉堂文庫で発見された『天守指図』に描かれたものを基本に復元されたことによる。静嘉堂文庫所蔵の『天守指図』は加賀藩の御用大工であった池上家に伝えられたものであるが、どこの城の天守であるかは記されていなかった。ただ『天守指図』と記されているだけであった。その初層の平面が不等辺七角形に描いているのである。

実は現在は天守台を訪ねると不等辺七角形であることがわかるが、これは昭和十六年（一九四二）の発掘調査によって初めて明らかになったことであり、天正十年（一五八二）の炎上後は焼土などによって埋もれてしまっていたのである。つまり静嘉堂文庫の『天守指図』が安土城天主の平面を不等辺七角形に描いているということは落城以前に描いたものか、あるいは描いたものを写したものである。

天主の中央には心柱がなく、須弥壇《しゅみだん》上に宝塔の置かれていたことが『天守指図』に描いてあり、さらに中心部は吹き抜けとして描かれている。平成二十一年（二〇〇九）に上映された映画『火天の城』では中央部の吹き抜けが煙突の役目を果たし一気に炎上した姿が映されていた。

建築史学者もこうした吹き抜けは建築上ありえないと一蹴した。

しかし平面を正確に写している点や、加賀藩の御用大工が所持しており、固有名詞を冠せず、ただ『天守指図』としか記していないなどといった点から、私は安土城天主の指図である可能性は極めて高いと考えている。

この内藤説に対して竹林舎建築研究所の宮上茂隆氏、佐藤大規氏なども復元案を発表している。

## 『信長公記』から読み解く安土城天主

私は建築史学者ではないので、ここでは『信長公記』を読みながら安土城天主を考えてみたい。ところで天守なのか天守閣なのか天主なのかという呼称について述べておきたい。『信長公記』では「天主」と記している。興味深いのは元亀三年（一五七二）に明智光秀によって築かれた坂本城では「天主」、「小天主」と記されており、いずれもが天主であったことがわかる。おそらく初期天守はすべて天主と記されていたものと見られ、漢字からは天守という高層建築は天の主であったことを示しているのだろう。ちなみに豊臣秀吉段階になると天守と記されるようになるが、天主表記も存在しており、明確な漢字の意味は失われ、どちらでも表記されるようになる。ただ、天守閣は近代以降の造語であり、江戸時代には使われていなかった。

安土城天主の大工は岡部《おかべ》又右衛門《またえもん》である。岡部の詳細については不明であるが、熱田《あつた》大工であったことがわかっている。熱田御大工という熱田神宮の宮大工出身であり、五重塔などの高層建築を熟知していたものと思われる。信長配下の又右衛門が最初に手がけたのは造船であった。『信長公記』に「国中鍛冶・番匠《ばんしょう》・杣《そま》を召寄せ、御大工岡部又右衛門棟梁《とうりよう》にて、舟の長さ三十間・横七間、櫓を百挺立てさせ、艫《ろ》舳《じく》に矢《や》蔵《ぐら》を上げ、丈夫に致すべきの旨仰聞かせられ、」（元亀四年［一五七三］五月二十二日条）とあり、近江佐《さ》和《わ》山《やま》城の山麓、松原内湖で巨大軍船を建造していたのである。軍船の艫と舳には櫓が造営されており、その棟梁として岡部又右衛門が造船の指揮をおこなっていた。かってこのような巨大軍船は日本にはなく、「事も生便敷《おびただしき》大船上下耳目を驚かす。」（『信長公記』元亀四年［一五七三］五月二十二条）と記されている。もちろん寺社造営も命じられており、熱田神宮の摂社八剣宮の造営などを手がけている。

『信長公記』の天正七年（一五七九）五月十一日条に「五月十一日、吉日に付いて、信長御天主へ御移徙《わたまし》」とあり、この段階で天主が完成したものと見られる。完成した天主はわずか三年で焼失してしまったわけである。天主完成の後も安土城の普請や作事は続いていたようで、最終的に完成したのは天正九年（一五八一）で、信長は工事関係者を集めてその労をねぎらっている。『信長公記』には「御小袖皆々に下さる、人数の事、狩野永徳・息右京助、木村次郎左衛門、木村源五、岡辺（部）又右衛門・同息、遊左衛門・子息、竹尾源七、松村、後藤平四郎、刑部、新七、奈良大工、諸職人頭々へ御小袖余多《あまた》拝領させられ、何《いず》れも何れも忝《かたじけな》き次第なり。」（天正九年［一五八一］九月八日条）とあり、絵師、大工、金工、瓦師などの職人たちが呼ばれて小袖を拝領している。おそらく信長が安土城造営の検査をおこない、ここに安土城が完成したのである。その完成した姿は一年後には焼失してしまうのである。

さて、天主の構造であるが、外観五重、内部は地下室を含め七階となっていた。天主は外観と内部の階数が一致しない。そこで外観は屋根の数をカウントして重で表し、内部は床の数をカウントして階で表す。つまり安土城天主は五重七階ということになる。また、穴蔵（地下室）は別にカウントする数え方もあり、その場合安土城天主は五重六階地下一階ということになる。

内部については少し長くなるが、『信長公記』を引用して見ておこう。『信長公記』では「安土山御天主の次第」という項目を設けて天主について記している。このことからも安土城の天主がそれまでの城郭とはまったく違うものであることを強調していることが窺《うかが》える。

「　　安土山御天主の次第

　石くらの内を一重土蔵に御用ひ、是より七重なり。

一、石くらの高さ十二間余なり。

二重石くらの上、広さ北南へ廿間、西東へ十七間、高さ十六間ま中有り。柱数弐百四本立。本柱長さ八間、ふとさ一尺五寸、六寸四方、一尺三寸四方木。

御座敷の内、悉《ことごと》く布を着せ黒漆なり。

西十二畳敷、墨絵に梅の御絵を狩野永徳に仰付けられ、かかせられ、何れも下より上迄、御座敷の内御絵所悉く金なり。同間の内御書院あり。是には遠寺晩鐘の景気かかせられ、其前にぼんさんをかせられ、次四てう敷、御棚に鳩《はと》の御絵をかかせられ、又十二畳敷、鵝《が》をかかせられ、則鵝の間と申すなり。又其の次八畳敷、奥四てう敷に雉《きじ》の子を愛する所あり。
南又十二畳布、唐の儒者達をかかせられ、又八でう敷あり。
東十二畳敷、
次三でう布、
其次、八でう敷、御膳拵《こしら》へ申す所なり。
又其次八畳敷、是又御膳拵へ申す所なり。
六でう敷、御南戸、又六畳敷、
何れも御絵所金なり。
北ノ方御土蔵あり。其次御座敷、
廿六でう敷、御南戸なり。西六でう敷、
次十でう敷、又其次十でう敷、
同十二畳敷、御南戸の数七つあり、
此下に金燈炉をかせられたり。
三重め、十二畳敷、花鳥の御絵あり。則、花鳥の間と申すなり。別に一段四でう敷御座の間あり。同花鳥の御絵あり。

次南八畳布、賢人の間にひょうたんより駒の出《い》でたる所あり。
東麝香《じゃこう》の間、八畳敷・十二でう敷、御門の上、
次八でう敷、呂洞賓と申す仙人幷《ならび》にふゑつの図あり。
北廿畳敷、駒の牧の御絵あり。
次十二でう敷、西王母の御絵あり。
西御絵はなし。御縁二段広縁なり。
廿四でう敷の御物置の御南戸あり。
口に八でう敷の御座敷これあり。
　柱数百四十六本立なり。

四重め、西十二間に色々木を遊ばされ、則、岩の間と申すなり。
次西八畳敷に竜虎の戦あり。
南十二間、竹色々かかせられ、竹の間と申す。
次十二間に松ばかりを色々遊ばされ、則、松の間と申す。
東八でう敷、桐《きり》に鳳凰《ほうおう》かかせらるる。
次八でう敷、きよゆう耳をあらへば、そうは牛を牽《ひ》いて帰る所、
両人の出でたる故郷の躰。
次御小坐布、七畳敷、でいばかりにて御絵はなし。
北十二でう敷、是に御絵はなし。

次十二でう敷、此内西二間の所にてまりの木遊ばさる。

次八畳敷、庭子の景気、則、御鷹の間と申すなり。

　　柱数九十三本
五重め、御絵はなし。南北の破風口に、四畳半の御坐敷両方にあり。

こ屋の段と申すなり。

六重め、八角四間あり。外柱は朱なり。内柱は皆金なり。釈門十大御弟子等、尺尊成道御説法の次第、御縁輪には餓鬼共・鬼共かかせられ、御縁輪のはた板にはしやちほこ・ひれうをかかせられ、高欄ぎぼうしほり物あり。

上七重め、三間四方、御坐敷の内皆金なり。そとがは是又金なり。四方の内柱には上竜、下竜、天井には天人御影向の所、御坐敷の内には三皇・五帝・孔門十哲・商山四皓・七賢等をかかせられ、ひうち・ほうちやく数十二つらせられ、挟間戸鉄なり。数六十余あり。皆黒漆なり。御座敷内外柱惣に漆にて布を着せさせられ其上皆黒漆なり。

上一重のかなくは後藤平四郎仕候。

　京・田舎衆手を尽し申すなり。

二重めより京のたい阿弥かなくなり。

御大工岡部又右衛門、漆師首刑部、
白金屋の御大工宮西遊左衛門、
瓦、唐人の一観に仰付られ、奈良衆焼き申すなり。
御普請奉行、木村二郎左衛門。
　以上」

と記されている。外観については不明であるが、七階のおおよその内観についてはこれでわかる。

**盆山の持つ意味**

ところでここで注目しておきたいのは「ぼんさん」の記述である。「安土山御天主の次第」に記されているということは、この「ぼんさん」には重要な意味があったと考えられる。「ぼんさん」とは盆山のことで、盆に載せた景石と思われるが、そうした盆山を天主書院の床の間に飾っていたようである。小牧山城には間々観音出現の地が岩盤上とされており、岐阜城では北方尾根に伊奈波神社の旧地とする烏帽子岩がある。こうした磐座《いわくら》を安土城では天主という高層建築に求め、その心性を盆山として天主内に祀《まつ》ったものと思われる。

安土城の天主造営に関わった職人たちもこの天主次第から知ることができ、障壁画が狩野永徳、金具が後藤平四郎、塗師が首刑部、瓦が奈良衆によるものとある。こうした職能集団は当時の一流職人ばかりが参加していたのである。

信長によって創出された天主という高層建築はその後の秀吉の城にとっても欠くことのできない城郭建造物となった。ただ、安土城天主と以後の豊臣天守では大きく異なる点がある。それは天守の居住性についてである。信長は安土城天主に住んでいた。天主を居住空間として造営したのである。ところが秀吉時代になると、大坂城では居住性を持つものの、あくまでも居住空間は本丸御殿であった。秀吉は天守に住まなくなったのである。以後慶長年間に築かれた城郭の天守では畳すら入らなくなり、まったく用いられることはなくなる。江戸時代の城主である藩主は人生のなかで数度しか天守には登らなくなる。萩《はぎ》藩の場合では、藩主が初めて国入りしたときにのみ天守に登った。これは天守登陟儀式と呼び、三階で重臣たちと対面し、主従の契りを結んだ。萩藩主はこのときにしか天守に登らない。他の天守もほぼ同様で、普段はまったく使われることはなかったのである。天守を住まいとしたのは信長ただ一人であった。

## 五　本丸御殿

### 巨大な礎石建物――本丸御殿

天主の南面に広がる空間が本丸御殿の跡である。ここでは昭和十五、十六年の発掘調査で巨大な礎石建物が検出されている。礎石の一間間隔が七尺二寸という巨大な間隔であったことが明らかにされた。その部屋割りについては建築史学の立場から様々に復元されているが、本丸御殿で特に注目されるのが「御幸の間」の存在である。名称から天皇の行幸を想定したものであると言われている。一間の寸法が七尺二寸というのも慶長期の内裏《だいり》の柱間と同じことと、御殿の部屋割りがこの慶長内裏を反転させたものに非常に近いことなどからも、天皇の行幸に用いるために築かれた御殿であるという説が、当時の滋賀県立安土城郭調査研究所の藤村泉氏から発表されている。

私は建築の専門ではないので、建築史的な評価はできないが、安土城における居住空間を考えると、信長のプライベート空間として天主があり、公的な空間として山麓の居住空間を考えると、本丸御殿はやはり極めて公的な建物と考えられる。南面石段城道が信長と特別な来客のみの通路と見ると、本丸御殿もそうした特別な来客用の建物として造営されたものと考えられる。そのなかには天皇も想定されていたのかもしれない。

今ひとつ本丸御殿で注目しておきたいのは瓦がほとんど出土していない点である。これは本丸御殿の屋根には瓦が葺《ふ》かれていなかったことを示している。本丸御殿の屋根は檜皮葺《ひわだ》き、もしくは柿葺《こけら》きであったと考えられる。安土城以後、秀吉の大坂城でも本丸御殿は檜皮葺きであったと見られるし、近世城郭でも本丸御殿は檜皮葺きが多い。こうした近世城郭の本丸御殿のあり方は安土城を模倣したものと考えられる。

## 六　安土城の瓦

### 全て瓦を葺く建物に

安土城を考える場合、天主や石垣とともに重要な要素のひとつに瓦がある。戦国時代の城で瓦が用いられることはほとんどなかった。石垣を持ち、大規模な礎石建物を持つ近江観音寺城や小谷城でも瓦葺きの建物は存在しなかった。それが安土城では天主を始め、櫓や門、塀に至るまで城郭建物は全て瓦を葺く建物となった。これも安土城の革命的変化のひとつである。

『信長公記』には瓦について二度登場する。ひとつは天正四年（一五七六）四月条の「瓦焼唐人の一観相添へられ、唐様に仰付けらる。」であり、いまひとつは同年の「安土山御天主の次第」の「瓦、唐人の一観に仰付られ、奈良衆焼き申すなり。」である。これによって安土城の瓦が唐人一観によって唐様に仕立てられたことがうかがえる。ただ何が唐様かはまったくわかっていない。安土城から出土する大量の瓦はすべて和様の瓦であり、出土瓦からは唐様というものはまったく認められない。唯一それまでの瓦と違うところは金箔を貼った金箔瓦の存在である。この金箔瓦を唐様と呼んだのだろうか。

一観と呼ばれる人物についても『信長公記』以外ではまったく登場することのない人物であり、その正体はわからない。ただ一観によって動員されたのは奈良の瓦工人たちであった。当時奈良は日本のなかで最大の瓦の生産地であり、橘《たちばな》氏一族の瓦工がその頂点にいた。いわば全国のなかで一流の瓦師が奈良衆だったのである。信長は安土城に葺く瓦も障壁画や金具とともに全国的に一流の工人に生産させたのである。

### 青い瓦の存在

その瓦は極めて堅緻に焼かれ、須恵器のように青灰色を呈している。イエズス会の『日本年報』のなかで「天主や御殿は、世界でもっとも丈夫な青瓦で葺かれ、瓦当《がとう》は金色に輝いている。」とあり、フロイスの『日本史』では「非常に丈夫なうえ華美な瓦で覆われている。瓦は青く見え、前列の瓦は金色の瓦当になっている。」と述べている。安土城の瓦が金箔瓦であったことは著名であるが、この青い瓦についてはこれまであまり触れられることはなかった。

飛鳥時代に仏教の伝来とともに寺院が建立されるとその屋根を葺く瓦も伝来する。当初は登り窯で焼成する無釉《むゆう》系の素焼きの瓦であったが、中世後半には燻《いぶし》瓦が出現する。燻瓦とは、窯での焼成後にむし焼きとすることによって炭化水素ガスを接触させることにより、瓦の表面に銀色の炭素膜を形成させるものである。近世の燻瓦の炭素膜は銀黒色で剝《は》げにくいものとなるが、当初は炭素膜自体が黒色の墨のようなもので剝げる場合もある粗悪なものが多かった。

これに対して安土城の瓦は燻瓦ではなく、無釉系の素焼き瓦である。しかし高温で焼かれ、古代の須恵器のような青灰色に焼き上がっている。黒い燻瓦に対して、青く見える。決して青い釉薬をかけた瓦ではなく、最上級の無釉系の素焼きの瓦が青く見えたのである。さらに瓦の制作技法を観察すると、まず瓦の原型となるタタラと呼ばれる粘土の塊を工人が糸で板状に切り取る技法によっている。これをコビキA手法と呼んでいる。コビキA手法では瓦の表面に切り取り痕が斜位に残されることとなる。ところが豊臣秀吉の時代になると、鉄線で切り取る技法に変化する。これをコビキB手法と呼んでいる。コビキB手法では瓦の表面に切り取り痕が水平に残されることとなる。A手法が古く、B手法が新しいのであるが、その画期が天正十一年（一五八三）の豊臣秀吉による大坂築城である。織豊系城郭が列島全域に築城されるための大量生産が手工業生産であったコビキA手法からコビキB手法への転換となったのである。

こうして切り取られた板状の粘土板を丸瓦、平瓦に調整していくわけであるが、安土城の瓦では端部の面取りを施したり、一枚一枚をヘラで磨いたりと極めて丁寧に製作されていることがわかる。唯一無二の城郭だからこそ、奈良の瓦工にこうした丁寧な瓦造りを命ずることができたのであろう。一方、天正十一年（一五八三）の秀吉の大坂築城以降は職人の数に対して圧倒的に多くの築城がおこなわれ、さらに築城期間も短縮しなければならない。このために丁寧な瓦生産から大量生産に大きく変換していく。安土城の瓦は金箔瓦だけが唯一無二のものではなく、丸瓦、平瓦に至るまで唯一無二のものだったのである。

## 金箔瓦は信長とその子息のみ

金箔瓦であるが、軒丸瓦、軒平瓦の瓦当面の凹部にのみ金箔を貼るという特徴がある。箔押しでは凸部に施したほうが技術的には簡単であるのに、なぜ難しい凹部にのみ施したのだろうか。これも信長だからこその意味があり、それは金箔の輝きにあるのではないだろうか。凸部に金箔を施したほうが輝くと思われるが、実は凹部に施すと風雨に晒されることが少なく、金箔の輝きが長く続く。信長はこの輝きのために金箔を凹部に施したのである。

さらに金箔を施したものに鯱《しゃち》がある。安土城で出土した鯱は瓦で造られている。著名な名古屋城の金鯱は瓦ではなく木骨に銅製の下地を作り、金の鱗《うろこ》を貼り付ける金属製であり、このため全面に金が施されている。一方、安土城のように瓦製の鯱では瓦に金箔を貼るわけであるが、全面に施すのではなく、顔面の歯、目、耳、そして鰭《ひれ》にのみ金箔を施している。鱗は一枚ずつ貼り付けられているが金箔は施されていない。

信長による金箔瓦は城郭瓦として伝播《でんぱ》することはなかった。石垣や天守、瓦は織豊系城郭として信長の一門や家臣たちの居城に導入されたわけであるが、金箔瓦だけは導入されなかったのである。瓦が導入されたにもかかわらず金箔瓦が導入されなかったのは、されなかったのではなく、させなかったのだろう。

信長は自らの居城である安土城に金箔瓦を用いることにより、安土城の唯一性をさらに高めたのであり、他には葺かせなかったものと考えられる。それは天正年間の信長の家臣団の諸城跡からはまったく出土していない点からも明らかである。しかし、信長時代のものと見られる金箔瓦が伊勢松ヶ島《まつがしま》城と伊勢神戸《かんべ》城から出土している。

伊勢松ヶ島城の信長時代の城主は信長の次男信雄である。一方、伊勢神戸城の城主は信長の三男信孝である。信長は金箔瓦を自らの居城安土城と、子息の城にのみ葺くことを許したのである。ところで信長の長男信忠の居城ではどうだったのだろうか。信長は天正三年（一五七

写真13　安土城伝米蔵跡出土金箔鯱瓦（滋賀県教育委員会蔵）

五）に家督を信忠に譲るが、居城である岐阜城も信忠に譲っている。岐阜城では金箔瓦が出土しており、信長段階に葺かれたものを信忠が引き継いだか、あるいは信忠が新たに製作して葺いた可能性が高い。このように信長時代の金箔瓦は信長とその子息にのみ認められた瓦だったのである。

## 七　その後の安土城

### 近江の拠点は八幡山城へ

天正十年（一五八二）六月二日の未明、信長は京都本能寺で宿泊中、明智光秀によって討たれた。その直後、安土城も炎上する。その原因については明智勢による放火説、織田信雄による放火説、民衆による放火説などが唱えられているが、その詳細は不明である。ただ、信長によって創出された革命的城郭である安土城はその創造者信長とともに地上より姿を消してしまったのである。

だが、安土全山が焼失してしまったわけでは決してない。平成元年（一九八九）より滋賀県教育委員会が実施してきた発掘調査によっても焼土層を伴う遺構面と、まったく焼土を含まない遺構面があり、焼け残った建物も数多くあったようである。さらに清須会議により織田家の惣領《そうりよう》となった信長の孫三法師の居城とするため、羽柴秀吉は安土城の再建をおこなっている。天正十年（一五八二）八月十一日付の丹羽長秀に宛てた羽柴秀吉の書簡には、長秀の居城である大溝城の普請を一時休止してでも、安土城の普請を早くおこなうように催促している。この再建は天主や本丸を大規模に再建するのではなく、あくまでも三法師を入れるための応急措置だったと思われる。

その三法師が岐阜城に移ると安土城は廃城となるが、摠見寺は焼け残り、そのまま寺院とし

写真14　二の丸織田信長廟

て存続する。嘉永七年（一八五四）には摠見寺も焼失し、本堂などの主要伽藍が焼けてしまい、現在では大手山麓側の伝徳川家康邸に仮本堂が建てられている。現在、二の丸には織田信長の廟所《びょうしょ》が建っている。本能寺で自害した信長の亡骸《なきがら》は見つかっていない。したがってこの廟所には遺体は葬られていない。ではこの廟はいつ、誰が建立したものなのであろうか。二の丸廟は大変有名ではあるが、その建立経緯についてはわかっていない。大正十一年（一九二二）に刊行された『近江蒲生郡志』によれば、豊臣秀吉によって建立されたとしている。そして遺体の代わりに甲冑《かっちゅう》や刀剣が収められていると記している。現在の廟は封土を石垣としているが、亀甲積みとなっており、幕末（十九世紀）に積み直されたもののようである。

天正十三年（一五八五）に秀吉は近江の新

写真 15　大和宇陀藩織田家墓所

たな支配の拠点として八幡山《はちまんやま》城を築き、猶子秀次を入れ置く。この八幡山城と安土城は指呼の距離である。摠見寺の旧本堂からは西の湖を隔てて八幡山を望むことができる。秀吉が安土城を再建せず、八幡山に新たに築城したのは安土城の縄張りを改修するよりも新たな地で初めから設計図通りに築いたほうが手間が省けるということなのであるが、安土城は信長の城ということで封印したかったこともひとつの理由だったのであろう。あえて秀吉が安土城跡に信長の廟を建立したのは、安土城跡を信長の墓としたかったためである。

信長廟のある二の丸の西側に一段低く曲輪の跡がある。黒金門を入ると左奥に位置する曲輪である。安土城跡を訪ねると、通常は黒金門を入ると右側に折れて二の丸へ進む。このため、左奥に位置する曲輪を訪ねる人は少ない。そこには五輪塔が四基建立されている。

大和宇陀《うだ》藩織田家の墓所である。信雄は信長の次男で、信長、信忠没後は甥《おい》にあたる三法師が惣領と指名されたものの、実質的には後継者であり、本人にもその自覚は大いにあった。江戸時代に信長の系譜は信雄の出羽《でわ》天童《てんどう》藩、大和宇陀藩（後に減封され丹波《たんば》柏原《かいばら》藩）、弟長益《ながます》（有楽《うらく》斎《さい》）の系譜が大和芝村《しばむら》藩、大和柳本《やなぎもと》藩として存続する。安土城跡に信雄を祖とする大和宇陀藩の藩主墓が建立されるのも安土城跡を信長の墓所と認識したからである。さらに信長廟の一段下に設けたことは藩祖を信長に仰いだものと考えられる。そして、摠見寺の性格も信長の墓を弔う菩提寺《ぼだいじ》へと変化し、その住職には信長の血統を受け継ぐ一族のなかから歴代が選ばれた。廃城後の安土城は城跡から信長一族の墓所へと変化したのであった。城跡が墓所となった城は安土城だけである。

# 第三章　将軍の城と子息・一門の城

さて、信長の城造りを理解するために本章では信長が将軍義昭のために京都に築いた武家御城、そして信長の子息と一門の築城について見ていくこととしよう。京都は室町幕府が置かれた将軍膝下の地である。そこに信長によって擁立された義昭を入れ置くことは重要な意味を持つ。さらに室町将軍は代々御所と呼ばれる方形の屋敷を幕府機構として構えていた。三代義満《よしみつ》の御所は花の御所と呼ばれていた。十二代義晴《よしはる》の御所は狩野永徳の描く洛中洛外図屏風《らくちゅうらくがいずびょうぶ》に見え、京都御所の西側に置かれていた。信長はこうした築地塀に囲まれた屋敷ではなく、武家御城と呼ばれる石垣によって囲繞《いにょう》された城郭を造営し、義昭の御所としたのである。京の人々にとっては初めて見る石垣造りの城であり、信長によって擁立された新たな将軍は強烈な印象を与えたことは想像に難くない。信長の城郭政策と言ってもよいだろう。

一方、子息たちの居城には信長だけが葺《ふ》ける金箔瓦《きんぱく》が許された。おそらくその築城には信長の掌握していた職人たちが動員されたのであろう。また、一門の城にも石垣や瓦を用いた築城がおこなわれたが、ここでは金箔瓦を用いることは許されなかったようである。このように信長は子息の城と一門の城に対して明確に階層差を設けさせ、城郭にヒエラルヒーを生じさせたのであった。

そうした視点で本章を見て行くこととしよう。

## 一　足利義昭の居城武家御城の築城

## 信長が築いた将軍の居城の発見

昭和五十年（一九七五）、京都では地下鉄建設に伴い烏丸《からすま》線内で発掘調査を実施していた。その調査で烏丸通椹木《さわらぎ》町上ル堀松町で石垣が検出された。この地は信長によって将軍足利義昭のために築かれた城のあった場所で、検出された石垣はその城の石垣と見られる。石垣には数多くの石仏が転用されていたのであるが、その形状はルイス・フロイスの『日本史』に「彼は多数の石像を倒し、頸《くび》に縄をつけて工事場に引かしめた。都の住民はこれらの偶像を畏敬していたので、それは彼らに驚嘆と恐怖の念を生ぜしめた。」と報告されているものと一致するものであった。信長の築いた将軍の居城の発見であった。

信長によって擁立された足利義昭は京都に入り、永禄十一年（一五六八）十月に征夷大将軍《せいいたいしょうぐん》となる。その仮の居所として本圀寺《ほんこくじ》があてられた。ところが翌年一月にこの仮御所を三好《みよし》三人衆が取り囲むという事件があり、信長は征夷大将軍の居城の築城をおこなう。二条城に近いことより信長によって築かれたこの城を現在は一般的に旧二条城と呼んでいるが、これは正しくない。『言継卿記』には「先勘解由小路室町真如堂光源院御古城又御再興、織田弾正忠信長令奉行御普請有之」と記されており、十三代将軍義輝《よしてる》の御所跡地に築かれた将軍の城は、『言継卿記』には「武家御城」「公方之御城」と記されており、『多聞院日記』では「上意ノ御城」「公方様ノ御城」と記されている。固有名詞としての城名はなく、公方（将軍）が住む城と認識していたのであろう。

築城工事については、『信長公記』に「去て此巳後御構これなく候ては如何の由候て、尾・

濃・江・勢・三・五畿内・若狭《わかさ》・丹後《たんご》・丹波・播磨《はりま》十四ヶ国の衆在洛候て、二条の古き御構、堀をひろげさせられ、永禄十二年己巳二月廿七日辰の一点御鍬初これあり。方に石垣両面に高く築上げ、御大工奉行村井民部・嶋田所之助仰付けられ、洛中・洛外の鍛冶・番匠《ばんしょう》・杣《そま》を召寄せ、隣国・隣郷より材木をよせ、夫々に奉行を付置き、由断なく候の間、程なく出来訖。」とある。十四ヶ国の衆の動員とは、後の天下普請（公儀普請）と同じく、手伝役を命じて普請をさせたこととなる。

## 「方に石垣両面に高く築上げ」

ここで注目されるのが、「方に石垣両面に高く築上げ」と記されている点である。ここでも信長が石の城を指向していたことがわかる。小牧山城、岐阜城での石垣普請の技術が発揮されたのである。石垣両面ということであるから、堀を挟んだ城内側と城外側を石垣にしたことがうかがえる。

フロイスも『日本史』のなかで、「領主の一人は、部下を率い、各寺院から毎日一定数の石を搬出させた。人々はもっぱら信長を喜ばせることを欲したので、少しもその意に背くことなく石の祭壇を破壊し、仏を地上に投げ倒し、粉砕したものを運んで来た。他の者は濠《ほり》を拓《ひら》き、また他の者は石を運んだり、山中へ木材を伐《き》りに行ったので、まるでカルタゴ市におけるディドの建築工事の絵を見るようであった。」とあり、石垣を築くにあたって相当数の寺院の石仏や石塔などを略奪して転用していたのである。このように記された石垣が地下鉄烏丸線敷設の

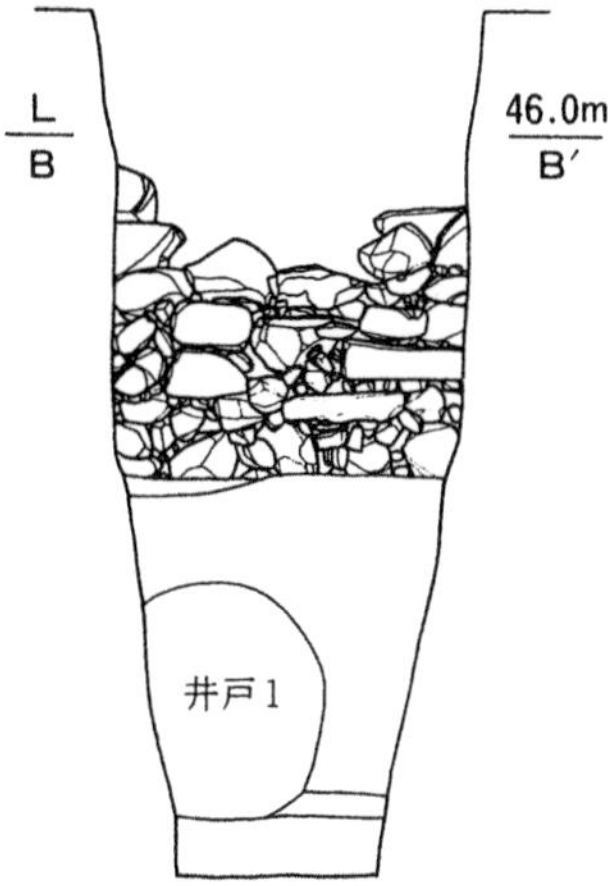


図 11　烏丸線の発掘調査で検出された石垣
（京都市高速鉄道烏丸線内遺跡調査会 1979 による）

際に検出された石垣なのであろう。

　検出された石垣の特徴は自然石を積む野面積《のづらづ》み工法であるが、注目しておきたいのは出土した石垣は下部のほうに小石材が多く、上部に大きな石を積んでいることである。さらにこれらの石材の横目地を通そうとしている点である。小牧山城や岐阜城とは少し違った積み方をしており、京都の工人たちが新たに動員された可能性が高い。烏丸通椹木町で検出された石垣は南面する石垣であったが、その南側では北面する石垣も検出されている。これらは堀を隔てた城内側石垣と城外側石垣であった可能性が高く、両石垣間の距離、つまり堀幅は二十五・四メートルを測る。

　なお、地下鉄烏丸線の調査で検出された石垣は、現在京都御苑《ぎょえん》の下立売御門《しもたちうりごもん》を入ったところと、二条城の二の丸西側埋門《うずみもん》横に移築して保存されており見ることができる。

## 北条流築城テクニック「堀内障壁」

今ひとつ発掘調査で検出された遺構に濠底に設けられた土手がある。こうした土手は一般的には堀内障壁と呼ばれる施設で、敵の堀内移動を封鎖する目的で築かれたものである。関東の北条氏の築城テクニックであり、天正十八年（一五九〇）の豊臣秀吉の来襲に備えて改修された山中城では横堀内に直交する畝を構えた畝堀と、堀内に障子の桟のように格子目状に畝を構えた堀障子が延々と築かれている。武家御城で見つかった濠内の土手をこの畝堀と見る研究者もいるが、現在のところ他の信長築城の城ではまったく見つかっておらず、信長が畝堀を築いたとは考え難い。濠内の水位を調整するための土手の可能性も充分に考えられる。

その後の烏丸線の調査でも石垣が検出されており、武家御城の構造が方形プランで内堀と外堀の二重の堀を巡らせた縄張りであったことが判明している。しかし、内部構造については城跡自体が地上に痕跡を残しておらず、詳細についてはほとんどわからない。ここでは『信長公記』や『日本史』に記された記録から武家之城について見ておきたい。『信長公記』によれば、

「御殿の御家風尋常に金銀を鏤《ちりば》め、庭前に泉水・遣水《やりみず》・築山を構へ、その上細川殿御屋敷に藤戸石とて往古よりの大石候。是を御庭に立置かるべきの由候て、信長御自身御越しなされ、彼名石を綾錦を以《もっ》てつつませ、色々花を以てかざり、大綱余多《あまた》付けさせられ、笛・大鼓・つづみを以て囃《はや》し立、信長御下知なされ、即時に庭上へ御引付け候。幷《ならび》に東山慈照院《じしょういん》殿御庭に一年立置かれ候九山八海と申候て、都鄙《とひ》に隠れなき名石御座候。是又召寄せられ、御庭に居《す》ゑさせら

れ、其外洛中・洛外の名石・名木を集め、眺望を尽させられ、」とあり、武家御城の庭園について詳細に述べている。そこには管領《かんれい》細川邸にあった藤戸石や、将軍足利義政《よしまさ》の別邸であった東山山荘（慈照寺）の名石をはじめ洛中洛外から名石を集めて造られていた。

これは庭園が将軍にとって大変重要な施設であったことを示している。上杉家本洛中洛外図屏風（米沢市上杉博物館所蔵：国宝）は織田信長が狩野永徳に描かせ上杉謙信に贈ったという伝承を持つ。ここには公方邸（将軍邸）の敷地約四分の一を占める広大な庭園が描かれている。さらに管領細川邸にも松永久秀邸にも庭園が描かれている。将軍を頂点とする武家屋敷には必ず庭園が必要だったのである。

十一代将軍義澄《よしずみ》、十二代将軍義晴らが京都を逃れ近江に入るが、その仮御所でも庭園は将軍にとって欠くべからざる装置であり、近江朽木《くつき》の旧秀隣寺庭園も将軍用に作庭されたものであったと考えられる。さらに将軍を頂点に各地の守護や戦国大名たちも自らの居館には必ず庭園を構えるようになる。守護館では周防《すおう》の大内氏館、豊後《ぶんご》の大友氏館、江北《ごうほく》の京極氏館などでその姿を見ることができる。戦国大名の庭園としては越前の朝倉氏館跡、有力国人クラスでは飛驒《ひだ》の江馬《えま》氏館や信濃《しなの》の高梨氏館などでも戦国時代の庭園を見ることができる。これは信長にも引き継がれ、岐阜城の山麓居館ではいくつもの庭園が発掘調査で検出されている。信長は義昭の城に庭園が必要であることを知っており、こうした名石や名木を集めて造園したのである。なお、藤戸石はその後豊臣秀吉の手に渡り、聚楽第《じゅらくだい》の庭園に用いられ、聚楽第廃城後は醍醐寺《だいごじ》三宝院庭園の造園に用いられ、現在も三宝院庭園で見ることができる。

フロイスは『日本史』のなかで「彼は吊《つ》り上げ橋がある非常に大きく美しい濠を造り、その中に種々の多数の大小の鳥を入れた。彼はその濠に三つの広大でよくしつらえた入口を設け、その見張所と砦《とりで》を築いた。そして内部には第二のより狭い濠があり、その先にははなはだ完全に作られた非常に美しく広い中庭があった。」と、この城に造られた庭の様子を興味深く記している。

とりわけ注目されるのはフロイスが二、三年はかかると思われた工事が、わずか七〇日で出来上がったことに驚いていることである。信長が小牧山城や岐阜城の築城で得たノウハウと、割普請という分担制により、極めて早く築城できるようになったのであろう。

さらに『言継卿記』によれば、「内の磊《らい》」「南門櫓《やぐら》」「西門櫓」「南巽の馬出し石垣」などが築かれており、三重の堀が廻らされていた。『耶蘇《やそ》会士日本通信』のフロイスの書簡には「三つの堀と数箇所の新たなる稜塁《りょうるい》」と記されており、その構造は三重の堀に囲まれたものであった。さらに単純な方形プランではなく、馬出《うまだし》（フロイスの言う稜塁か）を設けた縄張りであったとみられる。

京都に出現したのは将軍の城だけではなかった。『信長公記』に「其上諸侯の御衆、御構の前後左右に思ひ思ひの御普請、歴々甍《いらか》を並べ、御安座を刷ひ、御祝言の御太刀・御馬御進上。」とあり、城の周囲には家臣の屋敷も建ち並んでいた。

城は天正元年（一五七三）の七月に幕府が滅亡すると廃城となり、誠仁《さねひと》親王の御所に再利用されている。『言継卿記』には「昨日南の御門、今日東の御門これを崩し、江州安土へこれを引く。石共弥よ方々これを取ると云々」（天正四年［一五七六］九月二十四日条）とあり、最終的には安土築城の用材として持ち運ばれて完全に廃城となってしまった。

## 二　織田信雄、信孝、信包の居城

### 信雄の居城、松ヶ島城

信長の次男信雄は伊勢国司北畠《きたばたけ》氏の養子となり、天正三年（一五七五）に北畠氏の家督を相続すると北畠氏の本城大河内《おおこうち》城より田丸《たまる》城に移る。田丸は南勢の中央部に位置し、参宮街道と熊野街道が分岐する位置に立地している。南北朝以来北畠氏の城として機能していた。しかし、天正八年（一五八〇）に城が放火焼失すると、新たに松ヶ島城を築いて居城とした。

現在田丸城跡には石垣が残されているのであるが、これらの石垣は信雄によって築かれたものではなく、慶長五年（一六〇〇）の関ヶ原合戦の戦功により稲葉道通《みちとお》が田丸城を賜り、改修したものである。

なお、田丸城焼失に伴い信雄は田丸城を再築せず、松ヶ島城を新たに築いて居城とした。平城ではあるが、松ヶ島は参宮街道に面し、伊勢湾にも接するという水陸の要衝であった。信雄はここに五層の天守を築いたといわれている。現在城跡にはまったく遺構を残しておらず、その構造は不明である。ただ一辺が約二〇メートルの方形の土壇が残されているに過ぎない。この小丘陵は地元では天守山と呼んでいる。なお、地籍には丸ノ内、城ノ腰、殿町、本町などの小字が残されている。

天守山周辺からは凹面に金箔を施した金箔瓦が出土しており、信雄が信長の正当な後継者であることを示している。松ヶ島城で用いられた金箔瓦は後に松坂城に持ち運ばれており、松坂城跡の発掘調査でも出土している。そのなかの一点の軒平瓦の側面には「なんばん人」とヘラ書きが認められる。「なんばん人」が何を指すのかは不明であるが、安土城で唐人一観が瓦を担当したのと同様に、松ヶ島城の瓦については南蛮人が係わっていたのだろうか。

天正十年（一五八二）の本能寺の変後、信雄は清須城に移り、松ヶ島城には信雄の家老津川玄蕃允《げんばのじょう》義冬が入れ置かれている。

松ヶ島城跡に遺構が残っていないのは、天正十二年（一五八四）に松ヶ島城に入城した蒲生氏郷《うじさと》が新たに松坂城を築くにあたってその部材を全て持ち去ったためと伝えられている。石垣、瓦、天守のうち石垣は確認できないものの瓦が出土し、天守が存在したとなると石垣が存在した可能性は高く、信長の次男の城として三つの要素が用いられていたことは注目できる。さらに瓦については安土城と同様に金箔瓦が用いられていた。秀吉をはじめ家臣団の城では金箔瓦は用いられていない。金箔瓦は信長と子息の居城にのみ用いられたものであった。

**三男・信孝、弟・信包の居城**

信長の三男信孝は伊勢の豪族で神戸城主であった神戸氏の養子となる。元亀二年（一五七一）に神戸氏の家督を継ぎ、天正八年（一五八〇）には居城の神戸城の大改修を施す。この改修で五層の天守を築いたと伝えられている。その天守台が現存しているが、石垣は自然石を用いた野面積みで、両袖に付櫓台が設けられている。出隅《でずみ》部は算木《さんぎ》積みとなりつつある。その傾斜はゆるやかで、天正八年（一五八〇）の信孝による石垣と見てよい。発掘調査は実施されていないが、金箔瓦が採集されており、やはり信長とその子息の城には金箔瓦が用いられていたことを物語っている。

信長の弟信包《のぶかね》は北伊勢の豪族長野工藤氏の養子となり、元亀元年（一五七〇）に伊勢上野城を築いて本城とした。しかし、十年後の天正八年（一五八〇）には安濃津《あのつ》城を築いて居城を移した。伊勢上野城には分部《わけべ》光嘉《みつよし》が城代となる。その後信包が改易されると光嘉が城主となるものの元和《げんな》五年（一六一九）に近江大溝《おおみぞ》へ転封となると上野城は廃城となる。

信包が居城としていた伊勢上野城は、現在石垣は認められないが、本丸の北隅には一辺約二〇メートルの櫓台がある。規模や位置的には天守台の可能性もある。さらにこの付近からは瓦も出土しており、ここには瓦葺き建物が存在したことはまちがいない。本丸の西辺には土塁が残存している。本丸や周辺の曲輪は公園造成によって著しく破壊されているが、かつての本丸は土塁によって囲繞《いにょう》されていたようである。

ところで、本丸などの中心部の東側は谷によって城域を区画しているが、その谷を隔てた東側には土塁囲いの曲輪が点在している。各曲輪間には空堀が巡らされている。こうした曲輪群は、戦国時代の城主分部氏によって築かれたものと考えられる。信包による伊勢上野築城では、こうした散在する曲輪は捨て去り、中心部のみを城域としたものとみられ、戦国時代の城を信長はどう改修したのかを知ることができる。

信包が天正八年（一五八〇）に築いた安濃津城とは、江戸時代に藤堂氏《とうどう》が居城とした津城の前身と考えられている。信包は安濃津城で石垣普請をおこない、五重天守を造営したと言われている。ところが、文禄三年（一五九四）に、信包が改易されると、翌年には富田知信が入城する。知信の子信高は関ヶ原合戦の前哨戦で東軍に与《くみ》したため、西軍の毛利秀元、吉川広家らに攻められ落城した。このとき信包によって造営された天守も焼失したと伝えられている。さらに、慶長十三年（一六〇八）に藤堂高虎《たかとら》が入城すると、同十六年（一六一一）より安濃津城の大修理に乗り出す。現存する津城の構造は、この段階のものと考えられ、残念ながら信包時代の安濃津城の実態は不明である。

# 第四章　近江の支城網

信長の築城意図は居城、将軍の城、子息・一門の城に留《とど》まることはなかった。その築城技術は家臣団にも引き継がれていく。その技術は特に羽柴秀吉、のちの豊臣秀吉に受け継がれ、そうした築城の流れから、この二人によって貫徹された築城を織豊系城郭と呼ぶ所以《ゆえん》である。

本章では同一地域のなかで家臣団にも貫徹される築城がもっともよくわかるところとして近江における信長家臣団の居城をみていくこととしよう。

## 一　羽柴秀吉の長浜城

### 浅井の領地を引き継ぐ

天正元年（一五七三）八月末、小谷城に浅井久政、長政父子を滅ぼした信長は即日浅井氏の領地を羽柴秀吉に与えた。『信長公記』には「爰《ここ》にて江北浅井跡《あと》一職《いつしき》進退に羽柴筑前守秀吉へ御朱印を以《もつ》て下され、忝く面目の至なり」と記されている。ここにいう浅井跡一職とは江北三郡の坂田郡・浅井郡・伊香《いか》郡で、石高は十二万石といわれている。

その領国の拠点となる新城の築城場所として今浜《いまはま》と呼ばれていた湖岸が選ばれた。これが長《なが》浜《はま》城である。その築城工事は天正二年（一五七四）には始められているが、『信長公記』の天正三年八月の条には「八月十二日越州へ御進発。其日捶井に御陣取。十三日、大谷羽柴筑前守所に御泊。」とあり、長浜築城中はまだ小谷城を居城としており、長浜城への移転はその直後のことであろうと考えられる。

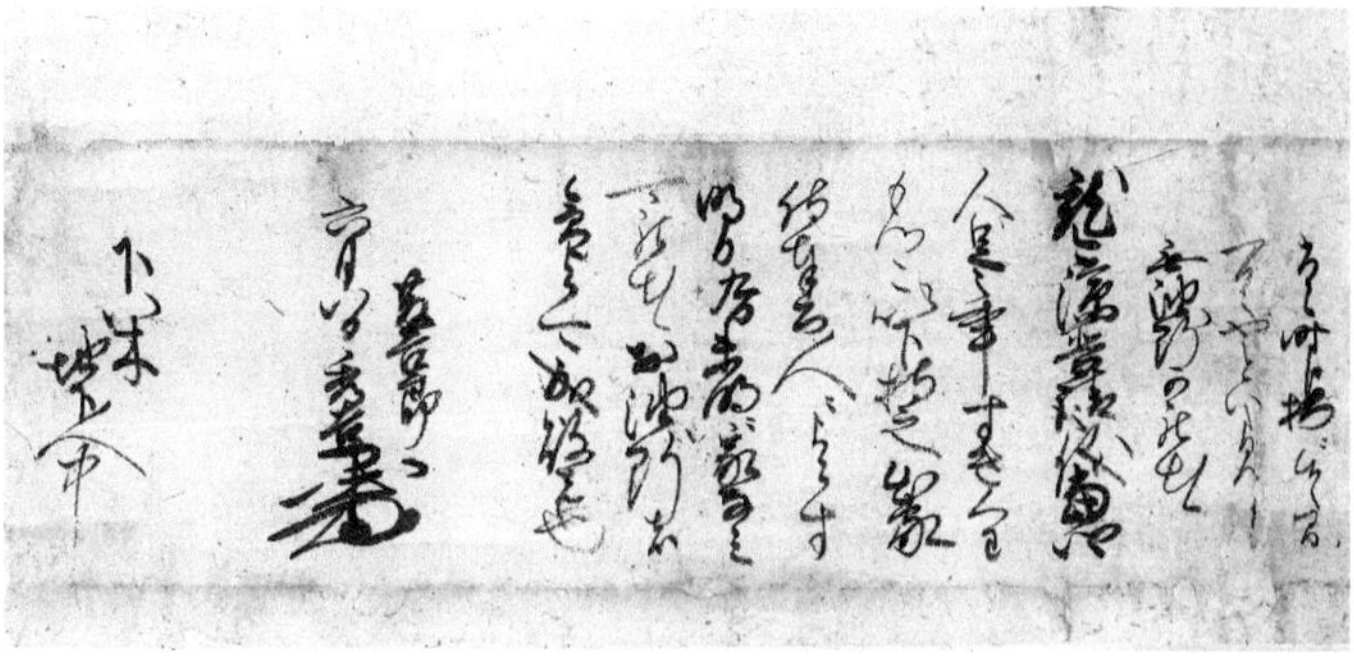

写真 16　羽柴秀吉判物（大阪城天守閣蔵）

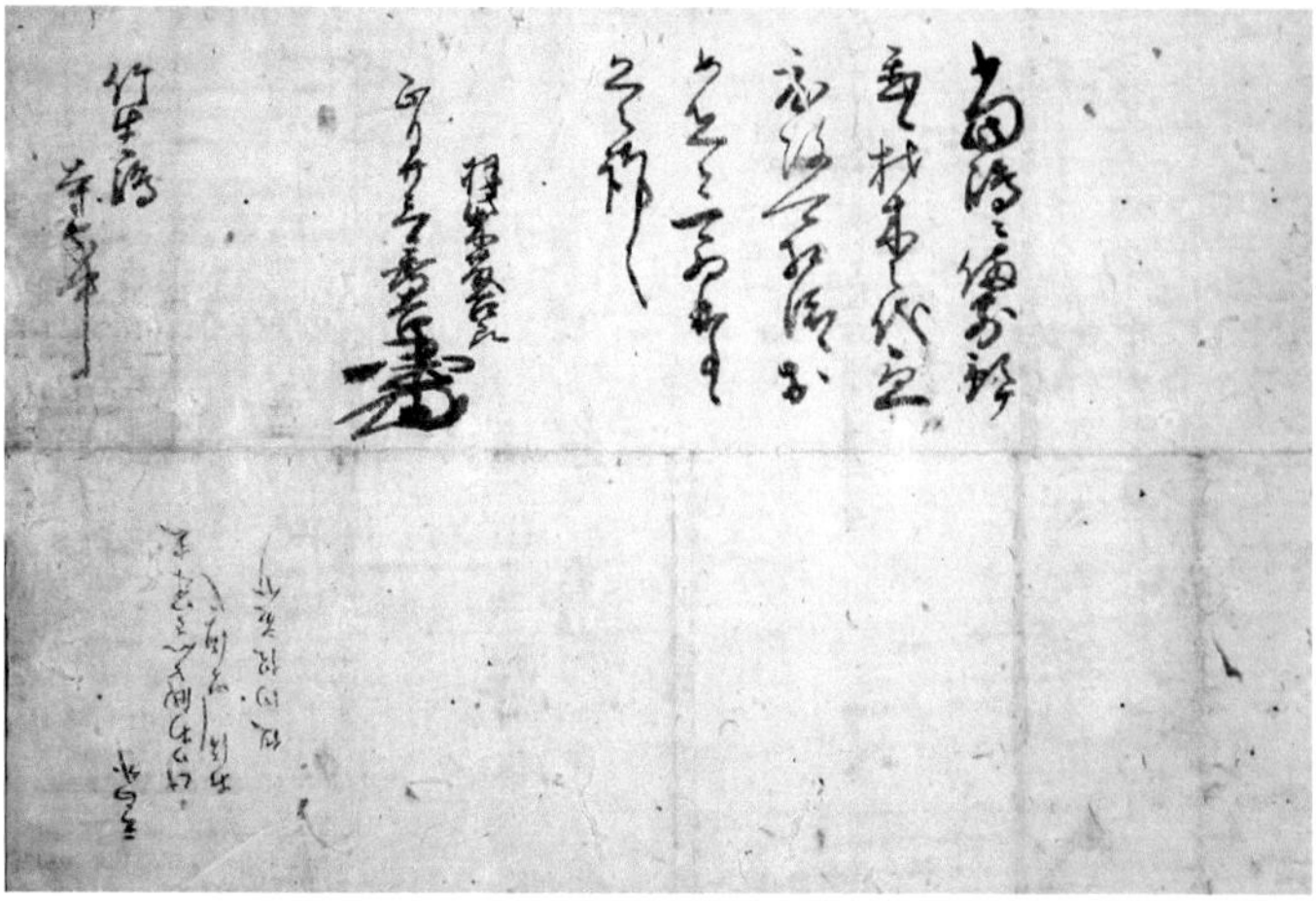

写真 17　羽柴秀吉書状　竹生島家中宛（竹生島宝厳寺蔵）

小谷城の発掘調査では本丸、大広間で大量の遺物が出土しており、これらは浅井時代のものと考えられることより、秀吉は小谷城の山城には居住していなかったようである。小谷山の南山麓、現在小谷寺の位置する水田で昭和五十四年（一九七九）にほ場整備が実施されたときに瓦や備前《びぜん》焼の甕が出土した。その瓦は元亀二年（一五七一）に築かれた勝龍寺城や元亀三年（一五七二）に築かれた坂本城の瓦よりはやや後出する特徴を有しており、まさに天正元年（一五七三）の秀吉時代の小谷城に用いられた瓦であった。秀吉の小谷城は山麓に極めて臨時的に改修されたものであった。

今浜は『江北記』によると、京極高清《たかきよ》やその重臣である上坂信光《こうさかのぶみつ》が居城としていた。江戸時代の地誌『淡海木《おうみこ》間攫《まざらえ》』には「長浜町　今浜六郎左衛門ハ京極家ニ出テ、先代ノ者ハ旗大将ニシテ太平記ニ出タリ、甲斐ノ国武田信虎ニ仕ヘタリシカ後、処士ト成テ当国ニ来リ佐々木家ノ棒禄ヲ干ス、後今浜ニ来テ住ス、是今浜刑部丞信実ト云、古記ニノス、上坂景宗入道泰貞斎ハ今浜ヲ城郭トシテ、」とあり、城郭が構えられていたようである。

秀吉による長浜築城について、天正二年（一五七四）の六月には近郷の百姓に人足として出るように命じている。平方に宛てた文書では「当郷家並ニ、明後日八日ニ、今はまふしんニすき　・くわ幷《ならび》もつこ申持候て、諸　奉公人・出家・商人　たりといふ共、一人も不　残可罷出候、若於油断　者、急と可申　付者也　六月六日　藤吉郎秀吉（花押）　平方　百性（姓）中」（個人蔵）とあり、今浜普請（長浜築城）に鋤《すき》・鍬《くわ》・もっこを持参して家ごとに一人ずつ翌々日に出勤することを命じている。百姓中に宛ててはいるものの諸奉公人・出家・商人にも適応されている。

また、下八木地下人中に宛てた文書では「尚々、時分柄ニ候之間、一日之やといたるへく候　、無油断可罷出候、就今浜普請之儀、当郷　人足之事、すき・くわ・もつこ以下持之、出家・侍・奉公人ニよらす、明日九日未明ニ家なみ　可罷出候、於油断者　急と可成敗者也　六月八日　藤吉郎秀吉（花押）　下八木　地下人中」（大阪城天守閣蔵・写真16）とあり、平方へ宛てた二日後に出されたものであるが、同様に今浜普請に鋤・鍬・もっこ持参と記している。ここでは在地の土豪である侍やその武家奉公人まで出仕するように命じている。

## 長浜城の用材確保は自領を越えた

こうした普請や作事については多くの石材や材木などが必要であった。その調達に関しては天正二年（一五七四）に竹生島《ちくぶしま》に宛てた書状には「当嶋ニ備前預ケ　置候材木儀、急　度改可相渡候、於　如在者、可為曲事候、　恐々謹言、　正月廿三日　羽柴藤吉郎秀吉（花押）　竹生島　寺家中」（竹生島宝厳寺蔵・写真17）とあり、竹生島に対して浅井長政が預けていた材木を引き渡すよう命じている。

さらには自領にない資材については天正二年（一五七四）九月八日に次のような書状を出している。「態申候、普請作　事仕候ニ、此方郡中ニ　竹一円無之候間、不寄大小所望　可申候、兵庫方次第　代之儀渡可進之候、猶此三人ニ申含候　条可申候、恐々謹言　九月八日　羽柴藤吉郎秀吉（花押）　久賀殿　御宿所」（個人蔵）

年代的にここに記された普請・作事とは今浜築城のことであり、自領内に竹材について大小を問わず差し出すように命じている。宛名の久賀殿とは美濃国池田郡日坂《ひさか》村（現在の岐阜県揖《い》斐《び》郡揖斐川町日坂）の地侍である。長浜築城の用材確保は自領を越えてのものであったことを物語っている。

江戸時代の地誌『鴻溝録《こうこうろく》』は大溝藩士前田梅園によって編纂《へんさん》されたものであるが、そのなかに「長浜城御普請の時、当浦船持魚師へ船三艘命ぜられ、水主共七十日余り相詰めると云ふ。」と記されている。長浜の対岸高島郡大溝湊に船と水夫を徴発していたようである。

**秀吉以後の長浜城**

その構造であるが、秀吉以後の長浜城について少し見ておきたい。天正十年（一五八二）の本能寺の変後の六月二十七日におこなわれた清須会議で、長浜城は柴田勝豊《かつとよ》に与えられることとなった。勝豊は柴田勝家の甥《おい》で養子となった人物である。天正十一年（一五八三）の賤ヶ岳《しずがたけ》合戦での秀吉の勝利後は城主が置かれず、天正十三年（一五八五）に山内一豊《やまうちかずとよ》が入れ置かれる。天正十八年（一五九〇）に一豊が掛川に移されると、長浜はまた代官支配となる。関ヶ原合戦後の慶長十一年（一六〇六）には北国《ほっこく》街道の押さえとして、内藤信成《ないとうのぶなり》が徳川幕府より白銀六千両を賜り、諸大名の手伝い普請によって改修される。しかし、元和元年（一六一五）に廃城となる。

その縄張り的構造は一切わからない。元禄《げんろく》九年（一六九六）に作成された「長浜町絵図」（安

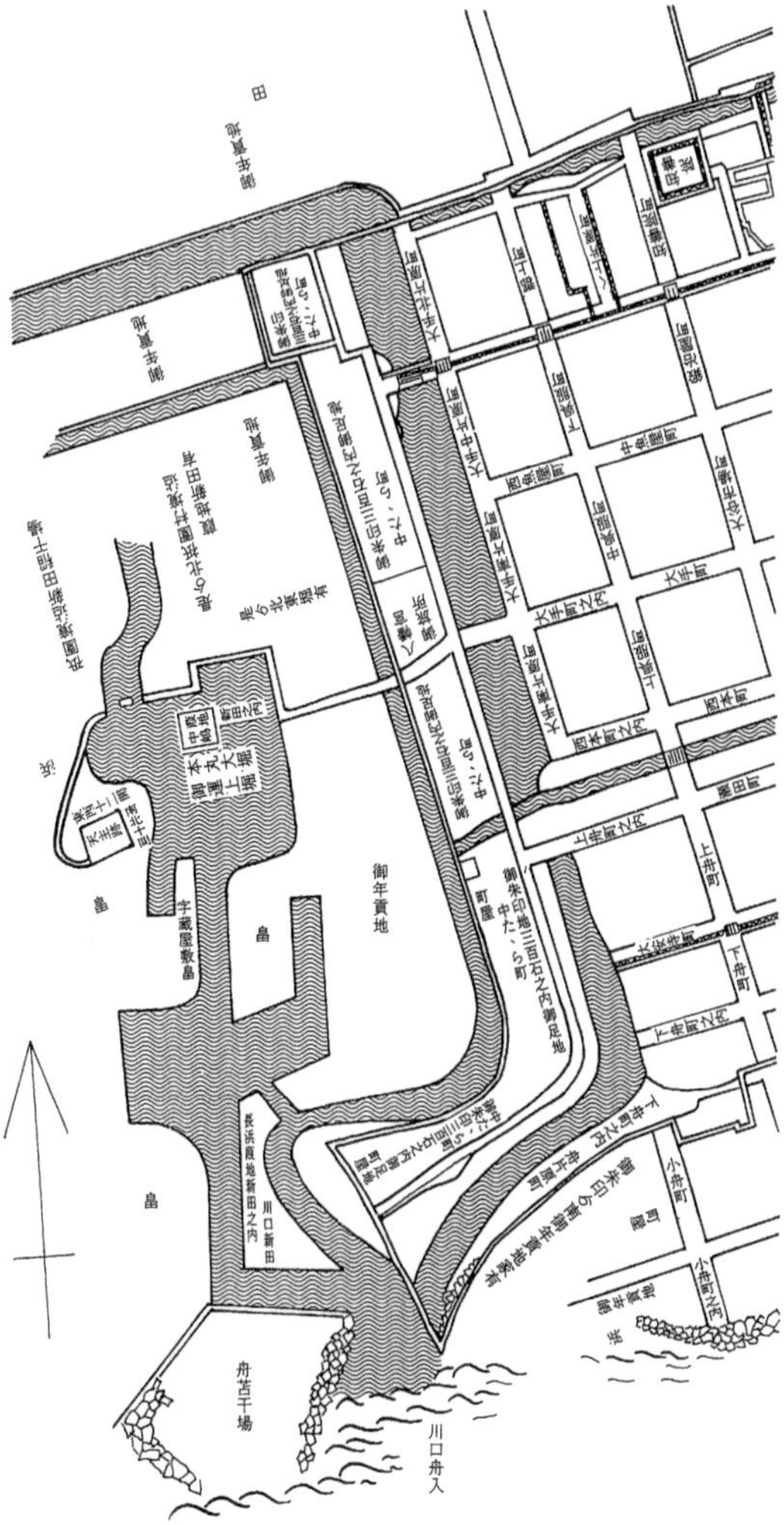


図 12　長浜町絵図（滋賀県教育委員会 1989 による）

政六年〔一八五六〕写）が長浜の姿を知る最古の絵図で、この絵図を基に長浜城の復元がなされているがどうも違和感がある。それは堀幅が異常に広いことである。後述する坂本城や大溝城も琵琶湖岸に築かれたのであるが、方形を基本とする両城の構造とはまったく違う。広い堀幅は築城当初のものではなさそうである。天正十三年（一五八五）十一月二十九日に起きた天正地震は岐阜を震源とするマグニチュード八の大地震であり、別名長浜地震とも呼ばれ、長浜城の御殿も倒壊し、山内一豊の一人娘与祢と乳母が圧死している。飛驒では帰雲城《かえりくも》が地滑りで崩れ去ってしまったほか、佐和山城も崩壊している。こうした状況より湖岸に築かれた長浜城も大きな被害を受けたことは想像に難くない。水没した地形を復元するのは不可能で山内一豊の修築は極めて限定的なものであったと思われる。さらに長浜城は慶長十一年（一六〇六）に内藤信成によって修築されており、最終的には元和元年（一六一五）の一国一城令により破城を受けており、徹底的に破壊を受けている。「長浜町絵図」は秀吉時代の長浜城の痕跡を描いたものではなさそうである。

## 近江における信長の支城

では織豊系城郭の三要素についてはどうであろうか。石垣については城跡周辺の道路工事などに伴う発掘調査によって検出されている。しかし、調査事例が古く秀吉時代のものなのか、内藤時代のものかは不明である。それが令和元年（二〇一九）の発掘調査で現在博物館の建つところより南東約九〇メートルの位置で石垣が検出された。検出されたのは石垣の最下層の根

写真18　長浜城公園内の発掘で検出された石垣

石部分で、チャート、安山岩、砂岩など数種類の石材が用いられていた。石垣内側には栗《ぐり》石《いし》が充填《じゅうてん》されていた。矢《や》穴《あな》によって割られていないこと、石材が統一されていないことより秀吉段階の石垣である可能性が高い。ただ石材が一メートル程度の大きさであり、堀に面した部分ではなく、本丸の内部の段差に用いられた石垣の基底部とみられる。

瓦についても天正期のコビキA手法のものや、軒平瓦の文様で天正期に位置付けできるものなどが出土しており、秀吉段階で瓦が用いられていたことは明らかである。

天守については、元禄九年（一六九六）「長浜町絵図」には東西十二間、南北十間と記された「天主跡」が方形に描かれている。このことより少なくとも元禄年間には城跡の一画を天主跡と呼んでいたことがわかる。

さらに天正十三年（一五八五）一月十三日

写真19　大通寺台所門

に長浜町に宛てた秀吉の文書には「其地天守壊候　為奉行石川杢兵衛　生駒七郎右衛門遣候　条両人申次■　可馳走者也　正月十三日　秀吉（朱印）　長濱町人中」（下郷共済会所蔵文書）とあり、秀吉は長浜城の天守を壊すために二人の奉行を遣わしたことがわかる。天正十一年（一五八三）の賤ヶ岳合戦に勝利した秀吉が長浜城を壊す計画をしていたようである。この文書は長浜城に天守が存在していたことを示す貴重なものである。

　建物に関しては長浜御坊と呼ばれる大通寺《だいつうじ》の台所門が長浜城の大手門を移したものと伝えられている。『坂田郡志』には「門扉金具の裏面に天正十六戊子八月十六日と銘す」と記されている。

　また、彦根《ひこね》城の天秤櫓《てんびんやぐら》が『井伊《いい》年譜』には「長濱城大手」を移したと記している。しかし、彦根築城が慶長九年（一六〇四）であり、その段階では長浜城は廃城となっておらず、むしろ関ヶ原合戦後には北国街道を押さえる重要な城として徳川幕府は重視しており、建物の解体は考えられない。慶長十一年（一六〇六）には天下普請として改修されていることを考えると彦根城の天秤櫓は長浜城のものではないようである。ただし、解体修理の結果は移築された転用材が用いられていることより、どこかの建築材が用いられていたことはまちがいない。

長浜城の構造からも信長配下の家臣たちが築く城郭にも石垣、瓦、天守という要素が貫徹されていたことを裏付けることができた。しかし、それまで石垣を築く職人を持たず、瓦を焼かせたことのない、天守を造営する大工とも関わりのない秀吉が小谷落城とともに準備することができたのであろうか。長浜築城段階でこうした三要素を持つ城は信長の岐阜城以外に存在しない。安土に先行して信長が天守の造営を許可したとはとても考えられない。長浜築城には選地の段階から信長が大きく関与していたことはまちがいないだろう。工人たちについても信長の貸与を考えるべきであろう。長浜築城は信長の意図したものであり、それは後の信長の近江支配に大きく関わるのである。

城下町については「長浜町絵図」に三重の堀が描かれている。内堀内が城郭部分で、内堀と中堀間には蔵や馬屋といった公的施設が、中堀と外堀間には武家屋敷が構えられていた。そして町屋は外堀の外側に形成されていた。長浜城下は惣構《そうがまえ》ではなかったのである。

惣構とは城下をも含めて防御する土塁や外堀のことである。惣構の起源については織豊政権側ではなく、北条氏の小田原《おだわら》城下に求められる。秀吉の来襲に備え、天正十五年（一五八七）

頃に城下町を囲い込む総延長九キロメートルにおよぶ土塁と空堀を巡らせたのである。秀吉はこれを目にして惣構を自らの城に導入する。豊臣政権が初めて惣構を築くのは小田原攻めの翌十九年（一五九一）の京都の御土居《おどい》であった。秀吉の大坂城でも惣構が築かれるのは慶長三年（一五九八）のことである。信長時代には惣構が構えられなかったのである。長浜城の城下はその構造をよく示している。

このように長浜の城下は外堀の外側に構えられた。城下で最初に構えられたのが大手町と東・西本町であった。続いて魚屋《うおや》町、瀬田町、横浜町、北町が成立する。小谷城の城下から移ってきた町もあり、大谷市場《おおたにいちば》町、伊部《いべ》町、郡上《ぐじょう》町、呉服《ごふく》町、知善院《ちぜんいん》町、横町などがこれに相当する。これらの町名は小谷城下にも残されており、小谷からの移転を示している。さらに長浜築城とともに近郊から集められた町もあった。箕浦町は坂田郡箕浦《みのうら》の八日市場から、神戸町は坂田郡顔戸《ごうど》の日撫《ひなで》神社の門前町から移された町であった。

長浜には小谷城下から町が移ってきただけではなく、寺院も移された。知善院は小谷城下の清水谷から、浄琳寺《じょうりんじ》は尊勝寺村から、善隆寺は小谷山下から、願養寺は小谷村から、妙法寺も小谷村から移ってきた寺伝を持つ。

こうして長浜城は織田信長支配の近江では極めて重要な位置を占めており、それは近江における信長の支城として位置付けできる。

## 二　明智光秀の坂本城

### 湖南における水陸の要・坂本

元亀二年（一五七一）に信長は比叡山の焼き討ち後光秀に滋賀郡を与える。『信長公記』には「去《さ》て志賀郡明智十兵衛に下され、坂本に在地候なり。」（元亀二年［一五七一］九月十二日条）とある。その支配の拠点として築かれたのが坂本城である。

築城は翌元亀三年（一五七二）からのことである。それが『信長公記』には滋賀郡が与えられた段階で坂本に在地と記している。これは事前に坂本に城を築くこととなっていたことを示している。それは信長による意思であった。信長は元亀元年（一五七〇）に浅井・朝倉軍と近江滋賀で対峙《たいじ》する。その際本陣としたのが下坂本であった。信長は坂本に在陣したことによりその地の利を知ったのであろう。そのため比叡山焼き討ち後に滋賀郡支配の拠点として直ちに坂本を指名したのである。それは湖南における水陸の要の地としての立地であった。坂本港からは琵琶湖の湖上交通を掌握でき、岸辺に南北に北国海道（西近江路）が縦貫している。坂本築城後には坂本から琵琶湖を利用して安土へ向かったことが記されている。

『年代記抄節』元亀二年（一五七一）十二月条に「十二月、（中略）明智、坂本ニ城ヲカマへ、山領ヲ知行ス。山上ノ木マテキリ候。」と、この頃に普請のおこなわれたことが記されている。

京都吉田神社の神官吉田兼見の日記『兼見卿記《かねみきょうき》』元亀三年（一五七二）正月二十一日条に

写真20　坂本城跡

「為明十礼下向坂本。百疋持参了。即対面、在夕飡之儀」、閏《うるう》正月六日条に「雪降、明十於坂本而普請也。為見廻下向了。三荷両種持参了。」とあり、さらに同年十二月二十四日条には「去廿二日、明智為見廻下向坂本。杉原十帖・包丁刀一、持参了。城中天主作事以下悉被見也。驚目了。入夜帰。路次大雪降了。」とあり、天主の造営も出来上がっていたようで、その姿は驚くべきものであったと記している。ルイス・フロイスは『日本史』のなかで「明智は、都から四レーグァほど離れ、比叡山に近く、近江国の二十五レーグァもあるかの大湖のほとりにある坂本と呼ばれる地に邸宅と城塞を築いたが、それは日本人にとって豪壮華麗なもので、信長が安土山に建てたものにつぎ、この明智の城ほど有名なものは天下にないほどであった。」と記し、完成した坂本城の姿が豪壮華麗で日本のなかでは安土に次ぐものと称賛している。

天正十年（一五八二）の本能寺の変後、坂本城は炎上し灰塵《かいじん》に帰してしまう。しかし、坂本城は決して廃城になったわけではなく、清須会議の結果、近江国高島郡と滋賀郡は丹羽長秀の所領となり、城は長秀の居城となり直ちに再建された。長秀は翌十一年（一五八三）に越前に移り、坂本城には杉原家次《すぎはらいえつぐ》が入れ置かれるもののその年の末には浅野長吉《ながよし》（長政）が坂本町中に十一ヶ条の定書を出していることより、早くも長吉が城主となっていたようである。長吉の城主時代もそう長くはなく、天正十四年（一五八六）頃には城は廃され、長吉は新たに築いた大津城に移ったようである。

この浅野長吉による大津築城の際、湖岸に築かれていた坂本城の建物や石垣などはすべて持ち運ばれたようである。そのため城跡の痕跡は現在地上に一切残していない。しかし、石垣に関しては坂本城の本丸に想定される場所の近辺の湖底に基底部が残されている。石垣は平成六年（一九九四）夏の異常渇水で陸化して地上に現れた（次ページ写真21）。その際、滋賀県教育委員会が調査と保存をおこなった。石垣は基底部の一石部分が残されており、石列の下には胴《どう》木《ぎ》が据えられ、小礫《しょうれき》がちりばめられていた。これらの工法により湖底の軟弱地盤を補強し、沈下を防いだものと考えられる。湖岸に石垣が築けたのはこうした胴木工法によるものである。安土城の大手や勝龍寺城にも用いられており、それは織田信長の石垣に共通するものとして注目できる。ただ、この基底部の石材は大きいものではなく、琵琶湖に面した本丸の石垣とは考えられず本丸の舟入などの付属施設の石垣ではなかったかと思われる。

写真21　坂本城湖底石垣

なお、光秀は丹波攻略後も亀山城とともに坂本城を拠点としており、その築城工事は進められていた。『兼見卿記』天正八年（一五八〇）閏三月十三日条に、「今日より惟任日向守《これとうひゅうがのかみ》坂本之城普請云々、丹州人数ニ罷《まか》り下る之由申し訖《おわ》んぬ」と記されており、近江坂本城の普請に攻略を終えた丹波より人数の派遣されていたことがうかがえる。

こうした近江坂本と丹波亀山との往来は決して断絶していたのではなく、いずれも光秀の領国として一体化していたことがわかる。光秀の定めた『定家中法度』には、「一、坂本・丹波往復之輩、上は紫野より白河とをり、下はしる谷・大津越たるへし、」と記しており、上りのルートを紫野から白河とし、下りを汁谷から大津越と定めており、徴発された人足たちの通行ルートも明確に定めていた。

## 工人の貸与――信長の試作品としての坂本城

瓦に関しては、昭和五十四年（一九七九）に実施された本丸の発掘調査で大量に出土している。その内訳は軒丸瓦では巴《ともえ》文が八種類、宝珠文が一種類、軒平瓦では唐草文が十七種類、宝珠文が一種類あった。また、鯱《しやち》瓦や鬼瓦などの飾瓦も数多く出土している。このなかで巴文軒丸瓦に関して勝龍寺城から出土した軒丸瓦と同笵《どうはん》であることが判明している。同笵とは同じ版木から型を取ったもので、同じ工人もしくは工房で製作された瓦のことを言う。

勝龍寺城は細川藤孝によって元亀二年（一五七一）に築城された。細川藤孝も明智光秀も元亀年間に新たな築城に関わる石工や瓦工、大工などを動員することはできなかった。信長によって貸与されたものとしか考えられない。その大きな証拠となるのがこの二城で同笵瓦が出土したことである。信長の貸与した瓦工によって二城に供給されたものと考えられる。

天守については、『兼見卿記』に「城中天主作事以下悉被見也」とあることより、元亀三年（一五七二）十二月二十四日には出来上がっていた。安土築城の四年前のことである。岐阜城では明確に天守の記載が認められないことより、織豊系城郭のなかでは最も古い天守の記録ということになる。信長が自らの居城以前に家臣の城に天守という高層建築の作事を許可することがあり得るのだろうか。工人の貸与とともに坂本築城は後に琵琶湖岸で築く計画であった居城での試作品として築かせたのではあるまいか。坂本築城にも選地から天守造営まで信長の強い意図のもとにおこなわれたと見るのが妥当であろう。

### 坂本城天守は連結式

坂本城天守についてはこの記載以外に二回登場する。ひとつは『兼見卿記』元亀四年(一五七三)六月二十八日条で「為明智十兵衛尉見廻、令下向坂本。(中略)天主之下立小座敷、移徙之折節、下向祝着之由、機嫌也。」で、いまひとつは天正十年(一五八二)正月二十日条で「惟任日向守為礼坂本へ被下。御祓。百疋持参。面会。於小天主有茶湯・夕湌之儀。種々雑談、一段機嫌也。奏者弥吉也。及晩上洛了。今朝日吉大夫来、夜開具足之餅、各招寄了。」である。いずれも天守を考えるうえで大変興味深い史料である。

まず、坂本城天主には小座敷のあったことにより天主内部は居住施設として利用されていたことがわかる。後に造営される信長の安土城天主が信長の居住空間であったことと同じく最初期の天守は外観を見せるだけの施設ではなく、住むための施設であったことがわかる。

さらに小天主の存在である。安土城天主には様々な復元案があるものの型式は独立式と呼ばれる天守のみが建つ構造である。

ところが坂本城には小天主の存在したことが史料から確認できるのである。型式としては連結式となる。安土城に先行する坂本城が独立式ではなく、連結式だったのである。そしてその小天主も見せるための外観だけの施設ではなく、内部で茶の湯がおこなわれたり、食事をすることのできる座敷が存在した。信長時代の天守は安土城だけでなくすべての天守が居住空間を

写真22　聖衆来迎寺の表門

持っていた。それが秀吉の大坂城天守から大きく変化するわけである。

なお、建物として唯一坂本城の城門を移したと伝えられる薬医門が滋賀県大津市にある聖衆来迎寺《しょうじゅらいこうじ》の表門である。

古くより坂本城の城門を移築したと伝えられていたが、平成二十一～二十四年（二〇〇九～二〇一二）に実施された解体修理の結果、櫓門の部材を用いて薬医門に改修したことが明らかとなり、その建築年代も十五世紀から十七世紀のものであることも判明した。

こうした修理の結果よりこの門は坂本城の櫓門を移築したものである可能性の高いことが判明した。現在この聖衆来迎寺の表門は重要文化財に指定されている。

## 三　織田信澄の大溝城

### 近江における本支城体制の一つ

織田信澄《のぶずみ》は信長の弟信勝（信行）の子で、信長にとっては甥にあたる。しかし、父信勝は信長への謀反から信長に殺害される。幼少であった信澄は柴田勝家に預けられ養育された。

元亀二年（一五七一）に信長の佐和山城攻めに対して無血開城した江北の土豪磯野《いその》丹波守員《かず》昌《まさ》は赦《ゆる》されて高島郡を与えられ新庄《しんじょう》城を居城とした。信長は信澄をこの員昌の養子に入れる。しかし、員昌は、天正六年（一五七八）二月三日、突然逐電する。『信長公記』には「戊寅二月三日、磯野丹波守上意を違背申し、御折檻なされ、逐電仕《つかまつ》り、則、高嶋一向に津田七兵衛信澄仰付けられ候なり。」（天正六年［一五七八］二月三日条）とあり、員昌の所領高島郡が信澄に与えられた。そしてその居城を新庄より大溝に移した。戦国時代の高島郡の中心は清水山《しみずやま》城であった。それを磯野丹波守が入部した段階で新庄城が新たに築かれたにもかかわらず、わずか七年後にまた新たに居城が築かれることになったのである。新庄城では信長の琵琶湖を利用した本支城体制が取れなかったためと考えられる。元亀三年（一五七二）の坂本城、天正二～三年（一五七四～七五）の長浜城、天正四年（一五七六）の安土城では琵琶湖に面した築城という ような状況である。大溝築城もこうした信長の近江における本支城体制のなかで新庄城から移転して新たに築かれたものと考えられる。

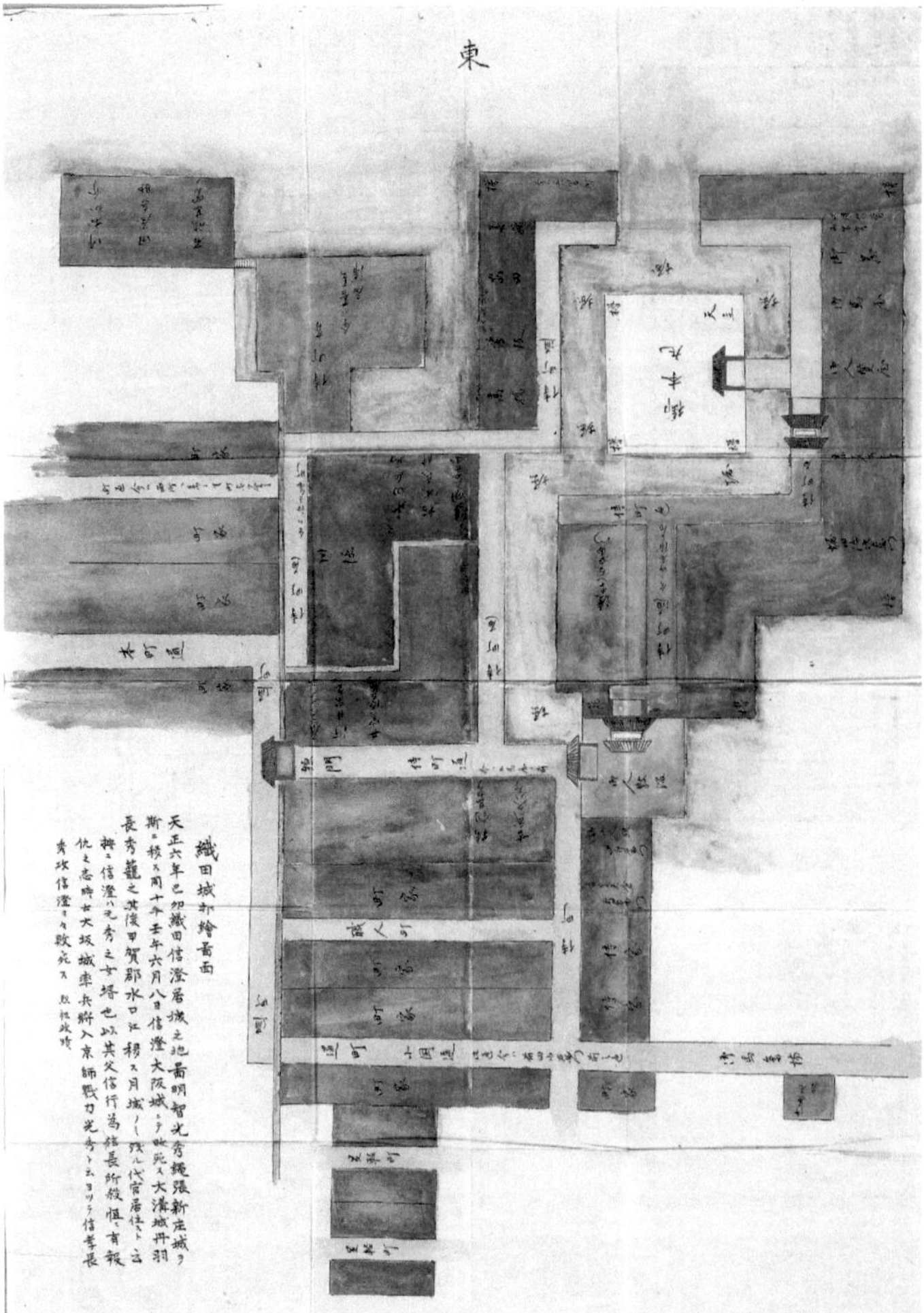


写真23　織田城郭絵図面（個人蔵）

## 後堅固の城の典型

大溝城の築城に関する史料はまったく残されておらず詳細については不明であるが、現存する天守台は天正六年（一五七八）に築かれたものと見てよい。「織田城郭絵図面」と呼ばれる絵図は織田信澄時代の大溝城の姿を描いた絵図といわれている。江戸時代に作成もしくは写されたものであることを前提に、この絵図から信澄時代の大溝城の構造を推定してみると、琵琶湖の内湖である洞海《どうかい》（乙女ヶ池）に突出した本丸があり、本丸の南東隅に天守が、他の三隅には櫓が配置されていた。この本丸を囲い込むように二の丸、三の丸があり、隅部には櫓が配置されている。また、二の丸、三の丸は直接洞海に面しており、本丸を囲い込む堀も洞海と直結していた。こうした縄張りは江戸時代の兵学（軍学）にいう「後堅固の城」の典型的な事例ということができよう。

ちなみに高島市教育委員会が平成二十一年度より実施している発掘調査ではほぼこの絵図の状況通り本丸の塁線上から石垣が検出されている。また、本丸と二の丸を結ぶ土橋についてもほぼ絵図通りの位置から検出されている。

文政七年（一八二四）に大溝藩士前田梅園が著した『鴻溝録』によれば「大溝城　城の縄張は、明智日向守光秀なりと云ふ」と記されており、大溝城の縄張りは明智光秀によるものとしているが、これは信澄の妻が明智光秀の娘であったことに起因する逸話の可能性が高い。

発掘調査によって出土した瓦のうち、三ツ巴文軒丸瓦については安土城跡から出土した三ツ巴文軒丸瓦と同文であり、同じ工房で製作された可能性が高い。天正四年（一五七六）に安土

写真 24　大溝城の発掘調査で検出された石垣

写真 25　大溝城天守台石垣

城の瓦を生産した奈良の瓦工房に大溝築城に際して信長が再び発注したのだろう。ただし大溝城からは金箔《きんぱく》瓦は出土していない。ところで新庄城跡でも発掘調査が実施されているが瓦は出土していない。さらに石垣も検出されていない。元亀二年（一五七一）に新たに高島郡の拠点として築かれた新庄城は織豊系城郭ではなかったのである。織豊系城郭という三つの要素を持つ築城に規制の存在したことを新庄城の構造は如実に示している。

石垣については現存する天守台の石垣から分析してみたい。石材は花崗岩《かこうがん》で高島郡の打下《うちおろし》周辺のものが用いられている。すべて自然石を積み上げた野面《のづら》積みの石垣と評価できるもので、隅石の石材などは長辺二メートルを超えるものもある巨石を用いている。それは安土城の石材を凌《しの》ぐ。

その天守台の構造は平面凸形を呈しており、単純な独立式ではなかったようである。突出部に付櫓、もしくは小天守のような建物が構えられていた可能性が高い。信長による近江の本支城体制で天守台が残るのは安土城と大溝城だけである。

## 四　丹羽長秀の佐和山城

### 松原内湖に巨大な軍船

近江佐和山城と言えば石田三成の居城というイメージが強いが、決して三成だけの城ではなかった。標高二三三メートルの佐和山に築かれた佐和山城は江北と江南の国境線に位置する境目の城として応仁文明《おうにんぶんめい》の乱頃に築城されていた。戦国時代には江北の浅井氏の南方最前線の城として機能していた。その守備を担ったのが伊香郡の土豪磯野丹波守員昌であった。元亀元年（一五七〇）に近江へ進攻した信長は姉川《あねがわ》合戦後、員昌の立て籠もる佐和山城を攻めた。元亀二年（一五七一）に員昌が降伏すると、『信長公記』に「二月廿四日、磯野丹波降参し、佐和やまの城渡し進上候て高嶋へ罷退。則、丹羽五郎左衛門城代として入置かれ候キ。」（元亀二年［一五七一］二月二十四日条）とあるように、丹羽長秀が城代として入れ置かれた。その後安土城が築かれるまで、佐和山城は岐阜～京都間の中継点として信長の宿泊・休息施設としても大いに利用された。

『信長公記』では天正元年（一五七三）九月四日に鯰江《なまずえ》城攻めに「信長直に佐和山へ御出でなされ」、天正二年（一五七四）三月十二日の上洛に際して「佐和山二・三日御逗留」、天正三年（一五七五）二月二十九日の上洛に際して「佐和山丹羽五郎左衛門所御座なさる」、同年四月二十七日の岐阜帰城に際して「常楽寺へ御上り候て陸を佐和山へ御成り」、同年六月二十六日の上洛に際して「佐和山にて少し御休息なされ」、同年十月十一日の上洛に際して「佐和山に御泊」、天正四年（一五七六）十二月十日の鷹《たか》狩りに際して「吉良御鷹野として佐和山御泊」、天正五年（一五七七）十二月十日の岐阜帰城に際して「其日は佐和山惟住所に御泊」、天正十年（一五八二）四月二十一日の安土帰城に際して「佐和山に御茶屋立て、惟住五郎左衛門一献進上」と記されている。

信長時代の佐和山城で忘れてならないのは、元亀四年（一五七三）に佐和山の山麓で巨大な

写真26　佐和山古写真

軍船が築造されたことである。『信長公記』には「五月廿二日、佐和山へ御座を移され、多賀・山田山中の材木をとらせ、佐和山麓松原へ勢利川通り引下し、国中鍛冶・番《ばん》匠《しょう》・杣《そま》を召寄せ、御大工岡部又右衛門棟梁《とうりょう》にて、舟の長さ三十間・横七間、櫓を百挺立てさせ、艫舳《ろじく》に矢蔵《やぐら》を上げ、丈夫に致すべきの旨仰聞かせられ、在佐和山なされ、油断なく夜を日に継仕候間、程なく、七月五日出来訖。事も生便敷大船上下耳目を驚かす。案のごとく、」（元亀四年［一五七三］五月二十二日条）とある。佐和山の西山麓には琵琶湖の内湖である松原内湖が広がっていた。そこで信長は軍船築造の陣頭指揮をおこなったのである。

船の長さは約六〇メートル、幅は約十四メートルあり、櫓が一〇〇挺という巨大なものであった。さらに艫（船首）と舳（船尾）には矢倉（櫓）を備えていたが、その造営を大工棟梁の岡部又右衛門が担当したのである。この岡部又右衛門こそこの直後に棟梁として安土城の天主を造営した人物である。舟大工ではなく寺社造営の大工である岡部又右衛門が大船造営を命じられたのは船上に櫓という建物を建造するためだったからであろう。琵琶湖で巨大軍船を造船したことは信長が琵琶湖を戦略的に重要視していたことを示唆している。前年には明智光秀に坂本城を築かせ、後に秀吉に長浜城を築かせ、自らは安土城を築き、織田信澄に大溝城を築かせていることと合わせて信長は琵琶湖を重要視していたことを物語っているが、この大船造船もそうした信長の琵琶湖重視の一端であった。

さて、丹羽長秀時代の佐和山城であるが、秀吉時代には堀秀政《ほりひでまさ》、堀尾吉晴、石田三成の居城となり、さらに徳川時代には一時、井伊直政の居城となり、長秀時代の城は大きく改変されていることはまちがいない。特に天正十三年（一五八五）の天正地震によって崩壊したことを彦根市教育委員会の下高大輔氏が明らかにしている。加えて慶長九年（一六〇四）に彦根築城により破城を受けて、現在城跡の痕跡をほとんど残していない。長秀時代の構造は不明と言わざるを得ないが、石垣、瓦の導入はおこなわれていたと見られる。瓦についてはコビキA手法のコビキ痕の認められるものが出土しており、長秀時代の可能性が高い。天守については慶長五年（一六〇〇）の関ヶ原合戦によって焼失しており、佐和山城に天守の存在したことは確実であるが、この天守が長秀時代に遡る可能性は低い。しかし信長の近江における居城的性格を有していた城であることより、長秀時代にも別の天守が存在していた可能性は高い。

# 五　湖の城郭網

## 信長の琵琶湖ウォーターフロント計画

元亀三年（一五七二）から天正六年（一五七八）の信長の家臣団の城郭を見てきたわけであるが、明智光秀、丹羽長秀、羽柴秀吉、織田信澄の居城が近江に与えられ、さらに自らの居城も近江に設けたことは注目してよい。それは琵琶湖を意識した築城であった。光秀の坂本築城、秀吉の長浜築城は信長の安土築城に先行するのだが、決して偶然ではなく、その選地や構造には信長の強い意図のあったことはまちがいない。信長は永禄十一年（一五六八）に六角氏を下した直後から近江に居城を築城し、配下をその周辺に配置することを考えていた。

ところで、信長ほど自らの居城を転々と移動した戦国大名は他にはいない。大名にとって居城は累代の聖地でもあり、そこにいること自体に重要な意味があった。それをあえて信長はおこなわなかったのである。今ひとつ注目しておきたいのは転々と居城は移すが、決して山を降りなかったことである。山城が有利であることは承知していたのである。ところが近江に配置された家臣団の居城の立地を見ると佐和山城は山城であるが、坂本城、長浜城、大溝城はすべて琵琶湖に面した立地となる。この違いは佐和山城のみが旧来より城が構えられていたことに対して、他の三城はいずれもが新たな場所に、新たに築かれた城である。そして、佐和山城は安土築城までは信長の居城的機能を有しており、山城として維持管理されたのであろう。

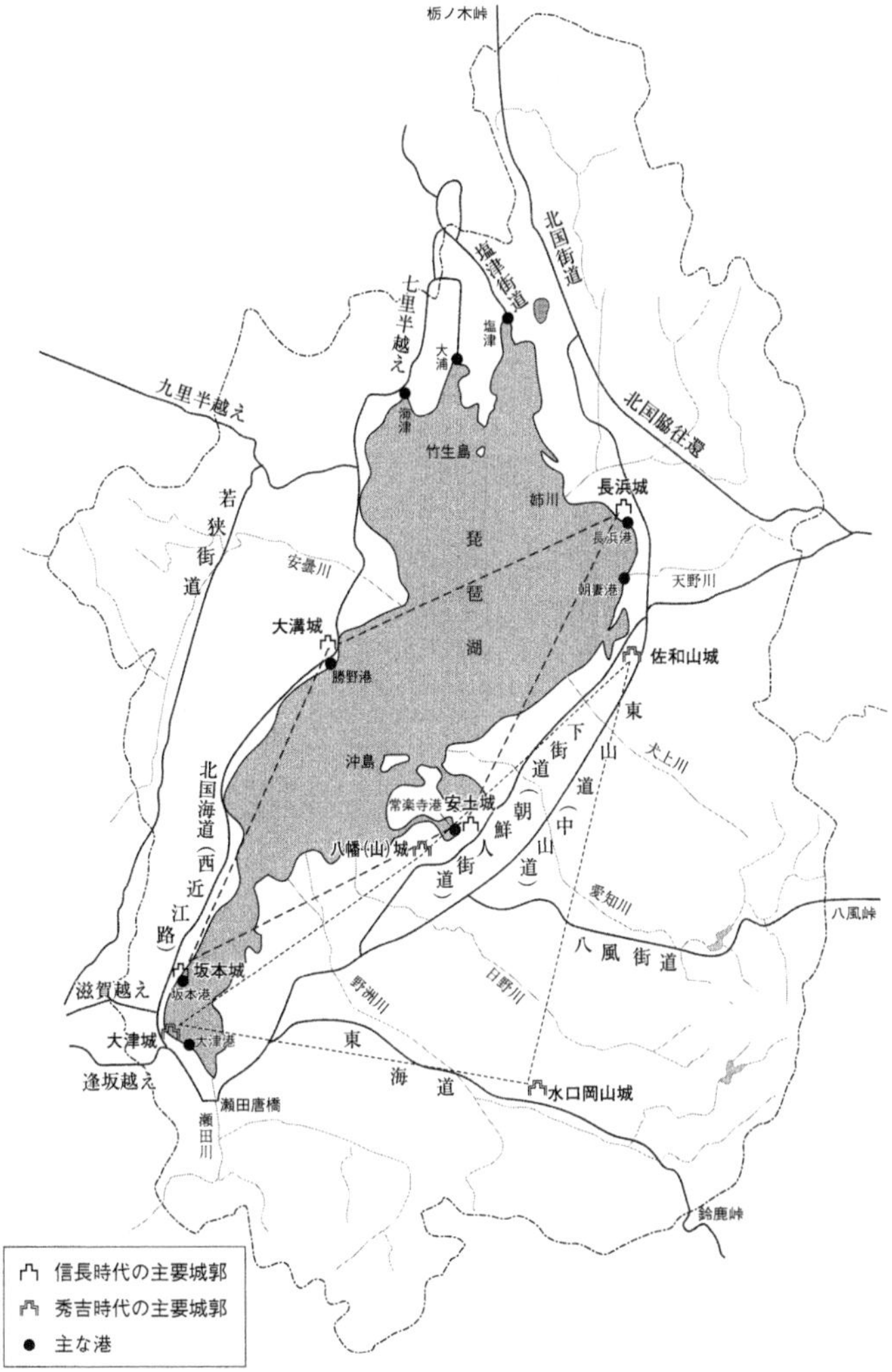


図13　信長・秀吉の近江の城郭網

さらに近江における諸城はすべて街道に面して築かれるとともに、城下に港湾が取り込まれていた。安土城下には常楽寺港、坂本城には坂本港、佐和山城には彦根港、長浜城には長浜港、大溝城には勝野港がそれぞれ付随していた。各城の縄張りを見ると、坂本城、長浜城、大溝城は本丸が琵琶湖に面して築かれており、外郭となる二の丸や三の丸の堀も琵琶湖と直結していた。そしてこうした曲輪《くるわ》は石垣によって構えられていた。

佐和山城や安土城のような山城でも堀は琵琶湖と直結していたようで、安土城では搦手《からめて》の調査で付札木簡が出土しており、直接舟が城の舟入に着岸して、荷の積み下ろしをしていた。佐和山城では前述したように山麓の松原内湖で軍船が造船されている。平城、山城を問わず、信長と家臣団の居城は立地、縄張りにおいて琵琶湖と大きく関わっていたのである。そしてこのような築城を可能としたのが石垣であった。

また、これら信長と家臣団の居城には瓦葺《ぶ》き建物が存在していた。坂本城跡出土の軒先丸瓦は勝龍寺城跡出土の瓦と同笵であるこが確認されている。また、大溝城では安土城と同文の瓦が出土するなどこれらの城には強い関係にあったことはまちがいない。

さらに天守についても安土城、坂本城、長浜城、佐和山城では文献に天主・天守の存在したことが記されているし、安土城と大溝城では石垣によって構築された天守台が残されている。

中心に琵琶湖を置き、その縁辺部に城を配置することにより、琵琶湖の湖上交通を掌握したのである。琵琶湖辺の諸城はまさに信長のウォーターフロント計画だったのである。

# 第五章　信長家臣団の城

前章では近江における信長の家臣団の城郭を概観した。安土城という山城を中心に琵琶湖の北に長浜城、東に佐和山城、南に坂本城、西に大溝城を配置するという本支城体制とも言うべき城郭網を形成した。築城に関わる工人は信長が掌握したものたちが貸与されたのであろう。こうした信長直属の家臣たちはさらに中国攻略に居城や支城を築く。そうした城郭にも信長の築城意図が反映されているのであろうか。本章では中国攻めの司令官的立場であった羽柴秀吉と、丹波攻めの司令官であった明智光秀の築城について探ってみたい。

## 一　羽柴秀吉の築城　姫路城

### 信長の築城構想を受け継いだ姫路城天守

羽柴秀吉は天正元年（一五七三）に浅井跡一職支配という北近江三郡を賜り、長浜城を築いて居城としたが、天正八年（一五八〇）には中国平定の拠点として姫路築城をおこない、居城とする。秀吉の姫路築城にあたっては黒田官兵衛《かんべえ》が縄張りをおこなったと伝えられている。姫路城は秀吉以後も城として機能しており、特に慶長五年（一六〇〇）の関ヶ原合戦後に播磨を賜った池田輝政（照政）により大きく改修され、現在見る姿となり、秀吉時代の縄張りはわからない。ただ、下山里丸には野面《のづら》積みの石垣が残されており、この部分は秀吉時代の石垣が認められる。石垣は人頭大の自然石を用いたもので、最大の特徴は一気に築きあげることができず、二段にわたって積み上げている点である。二段の石垣間は土塁としている。

秀吉時代の姫路城で忘れてならないのは天守の存在である。国宝に指定されている現在の連立式天守が昭和三十一年（一九五六）に解体修理された際に、大天守台で発掘調査が実施されたのであるが、地下〇・七尺乃至一・五尺の地点からまったく別の石垣の上辺が検出されたのである。これが秀吉時代の天守台の石垣であることはまちがいない。秀吉は長浜城でも天守を築き、姫路城でも天守を築いており、秀吉の築城は信長の築城思想を受け継いでいることがわかる。なお、この発掘調査では秀吉時代の瓦も出土しており、石垣、瓦、天守という信長の築城の三要素を用いた城であった。

## 二　明智光秀の築城　周山城、福知山城、黒井城、亀山城

### 付城を構える攻城戦

明智光秀は元亀二年（一五七一）に近江滋賀郡を賜り坂本城を築いて居城としていた。ところが天正三年（一五七五）に丹波攻めに向かい、その緒戦となったのが赤井《あかい》（荻野《おぎの》）直正《なおまさ》の立て籠もる黒井《くろい》城攻めであった。このときは波多野秀治の謀反により、黒井城攻めは失敗に終わる。同七年には再度の丹波攻めに向かい、鬼ヶ城攻めでは「鬼か城へ付城《つけじろ》の要害を構へ、惟任人数入置く」（『信長公記』天正七年［一五七九］七月十九日条）と記されており、天正三年（一五七五）の黒井城攻めでも一二～一三ヶ所にわたって付城を構えたことが知られており、丹波攻めにおいて光秀は信長軍団得意の付城を構える攻城戦をおこなっていたことがうかがえる。

こうした丹波攻略の拠点として築かれたのが亀山城であった。現在では市の名前を冠して亀岡城と呼ばれたりしているが、亀岡と名付けられるのは明治二年（一八六九）のことで、光秀の時代は亀山城と呼ばれていた。その築城は天正五年（一五七七）頃と考えられている。しかし、亀山城は光秀以後も城郭として機能しており、特に慶長十四年（一六〇九）に岡部長盛《ながもり》が転封でやってくると天下普請による築城工事がおこなわれ、ほぼ現在残っている構造となる。そのため残念ながら光秀時代の遺構を窺い知ることはできない。天守台の石垣基底部は光秀時代と紹介される場合があるが、これらは統一された縄張りとなっており、天守台のみ光秀時代のものが残ることは考えられず、やはり基底部も岡部長盛によって築かれたものである。

光秀時代の亀山城の様子を知る手掛かりが、光秀が丹波の国衆三人に宛てた書状である。そこには、

「従来五日至十日、亀山惣堀《そうぼり》普請申付候、然者来五日、
森河内《もりがわち》番替之事、十二日まで可為延引之旨、彼表当番
衆へも申遣候、各被得其意、鋤《すき》・鍬《くわ》・もっこ以下、有
御用意、至亀山御越尤候、恐々謹言、
日向守
正月晦日　光秀（花押）
長又五
小左

森安
各々中」

とある。宛名の三人は長沢又五郎、小畠左馬進永明、森安（不明）である。ここでは大坂本願寺の監視場所の森河内の番替えをしてまで亀山城の惣堀の掘削を優先させたことが記されている。ここに記された惣堀と岡部長盛によって整備された近世亀山城の惣構《そうがまえ》の堀との関係は不明であるが、光秀時代に惣堀という意識のあったことは重要である。

## 小田原攻めと惣構

惣堀とは城下町を囲い込む外郭線のことである。信長の城下では安土城下にもまだこうした城下を囲い込もうとする惣構は導入されていない。織豊系城郭のなかで惣構が認められるのは秀吉の居城である大坂城のみである。しかも大坂の惣構は天正十一年（一五八三）の秀吉による築城段階では存在しなかった。秀吉が居城である大坂城の城下に惣構の掘削を命じたのは慶長三年（一五九八）のことであった。秀吉時代の惣構でもっとも古い事例が天正十九年（一五九一）に築いた京都の御土居である。それ以前に織豊系城郭の城下を囲い込む惣構は認められない。京都では天正十四年（一五八六）に聚楽第が築かれたにもかかわらず、その城下を囲い込む惣構としての御土居は五年後に築かれている。その時期差は何であろうか。御土居構築の前年、天正十八年（一五九〇）に秀吉は小田原を攻め、北条氏を滅ぼす。この北条氏が秀吉の来攻に備えて小田原城下を囲繞《いにょう》する土塁と堀を巡らせ惣構を構築した。秀吉はこれを見て、自らの城下にも導入したものと考えられる。それが小田原落城一年後に築かれた御土居であった。

こうした状況で、天正五年（一五七七）頃の亀山城の城下に惣構がはたして築かれたのであろうか。光秀の惣堀は城下を囲い込む惣構ではなさそうである。秀吉政権下の天正十三年（一五八五）前後に近江で築かれた八幡山城、佐和山城、長浜城、大津城などでは内堀、中堀、外堀と見事に三重の堀によって囲い込まれている。しかし、この外堀は城下を囲い込む惣構ではなく、武家地を囲い込むものであった。おそらく亀山城の惣堀も武家地を限る外堀のことだったのではないだろうか。

正保《しょうほう》元年（一六四四）に江戸幕府が諸藩に命じて作成させた城郭と城下町を描く絵図は正保城絵図と呼ばれ、現在国立公文書館に六三枚が伝えられている。このなかに丹波亀山城絵図がある。もちろん慶長十四年（一六〇九）の天下普請後の亀山城を描いた絵図ではあるが、ここでは内堀、中堀、外堀が描かれ、外堀の内側に侍屋敷が構えられている。その外側が町屋で、町屋を取り囲むように土塁と堀が描かれている。この町屋を取り囲む土塁と堀が近世亀山城の惣構である。外堀は武家地を守る水堀として描かれているのだが、こうした侍町を囲う堀が光秀の惣堀であったと考えられる。

光秀は丹波攻略にあたり天正七年（一五七九）に、横山信房の龍《たつ》ヶ城を陥し、その地を福知《ふくち》山《やま》と命名し、そこに新たな城を築く。これが福知山城である。丹波平定後には光秀の娘婿である明智弥平次秀満《ひでみつ》が城代となる。その後豊臣政権下では羽柴秀勝が、関ヶ原合戦後には有馬豊《ありまとよ》氏《うじ》が入城し、近世城郭へと大改修が施された。現存する福知山城の縄張りはこの有馬氏時代に整備されたものと考えられる。一方、天守台の石垣については少なくとも三度にわたる増築が石垣の稜線《りょうせん》から確認できる。その第一段階は独立式天守の天守台として築かれたもので、石垣は自然石を積み上げた野面積みで、天正年間の特徴を示している。さらに石材のなかには数多くの五輪塔などの転用材が用いられており、明智光秀段階に築かれたものと考えられる。

## 丹波での本支城体制

天正七年（一五七九）八月、光秀は黒井城の赤井忠家《ただいえ》を下して丹波を平定する。黒井城攻めについて、『信長公記』（天正七年八月九日条）には、「赤井悪右衛門楯籠《たてこも》り候黒井へ取懸推詰候処に、人数を出だし候。則、𢤱《どっ》と付入に外《そと》くるはまで込入り、随分の者十余人討取る処、種々降参候て退出。惟任右の趣一々注進申上げられ、永々丹波に在国《ざいこく》候て粉骨の度々の高名、名誉比類なきの旨、忝くも御感状成下され、都鄙《とひ》の面目これに過ぐべからず」と記されている。その丹波支配の拠点を口丹波と呼ばれる京に近い地域の亀山城に定め、支城として中丹波の福知山城に明智秀満を、西丹波の黒井城に斎藤利三《としみつ》を、東丹波の周山《しゅうざん》城に三宅次右衛門（明智光《みつ》忠《ただ》）を、そして八上《やがみ》城に並河飛騨守をそれぞれ配した。こうした本支城体制は信長の近江における本支城体制を踏襲するものであった。

さらにいずれもが石垣を用い、瓦を葺いた織豊系城郭であった。しかし、光秀の家臣である明智秀満や斎藤利三、三宅次右衛門、並河飛騨守では石垣工人や瓦工人を動員することは考えられず、おそらく丹波における明智光秀の本支城構築にあたっては光秀本人が工人の手配など実質的な指揮を執っていたものと考えられ、こうした支城は光秀による築城と言ってもよいだろう。

赤井氏の本城であった黒井城も明智光秀によって大きく改変されたと見られる。黒井城は兵庫県丹波市に所在する標高三五六メートルの城山の山頂に位置している。山頂部に直線的に曲輪《くるわ》を配置する連郭式の構造で、中心部には石垣が認められる。自然石を加工せずに積む野面積みであるが、本丸前面では高さ五メートルを測る高石垣となっている。また、縄張り面では虎口《こぐち》を喰違いや桝形《ますがた》としており、天正期の織豊系城郭の構造を示している。なお、中心部からは瓦も出土している。ただ、天守を構築した天守台は本丸には認められず、石垣、瓦は用いられているものの天守の存在に関しては不明である。なお、南山麓に位置する興禅寺《こうぜんじ》は斎藤利三の居館が構えられたところで、のちに江戸幕府の三代将軍徳川家光の乳母となる利三の娘、春日局《かすがのつぼね》はここで誕生したと伝えられている。

ところで黒井城の南山麓には小規模な城下町も形成され、旧福知山街道（丹後街道）と天田郡との境界を越えて下っている旧京街道も走っており、南が正面であった。光秀によって改修された石垣も山上の曲輪群の南側だけにしか築かれておらず、北側は切岸《きりぎし》にしているだけである。正面にのみ石垣を築いた構造は完全な織豊系城郭とは言い難い。赤井氏の城を明智光秀が押さえたことを見える側だけに石垣を構えたのであろう。なお、発掘調査によって本丸前面に張り出した石垣は傾斜地を造成して、前面に石垣を積んだことが確認されている。戦国時代の土の城から本丸虎口を枡形にするため前面に石垣による張り出し部を改修して設けたのである。この本丸虎口周辺からは多量の瓦が出土しており、櫓《やぐら》が建てられていた可能性が高く、天守ではないものの、山麓からは正面に石垣と瓦葺《ぶ》きの櫓が見えていたものと考えられる。

天正十年（一五八二）に明智光秀が滅ぶと、黒井城には一時堀尾吉晴が入城するが、天正十二年（一五八四）の小牧長久手合戦の直前には古城となっていたようで、芦田時直が蜂起して黒井古城を占拠したことが知られる。吉晴の在城期間は極めて短く、斎藤利三の城郭をそのまま接収したのであろう。現在残されている石垣は明智光秀支配の段階に築かれたものとしてまちがいないだろう。

なお、黒井城周辺の山々には千丈寺砦《せんじょうじとりで》、兵主神社《ひょうす》西砦、龍ヶ鼻《りゅうがはな》砦、多田砦、的場砦、東山砦が点在している。これらの砦は赤井氏の立て籠もる黒井城を攻めるために明智光秀軍によって構えられた付城である。

## 近年注目、光秀の周山城

さて、近年明智光秀によって築かれた山城として注目されているのが周山城である。現在の京都市右京区京北周山町の標高四八〇メートルの城山山頂に構えられた巨大な石垣を伴う山城である。『津田宗及茶湯日記』天正九年（一五八一）八月条に、「同八月十四日ニ丹波国周山へ越候、惟任日向守殿被成御出候、十五夜之月見、彼山ニ而終夜遊覧」とあり、少なくともこの頃には築城されていたことが窺《うかが》える。また、『兼見卿記』天正十二年（一五八四）二月四日条には、「辛亥、今朝筑州、丹州シヲ山ノ城へ下向云々」、同六日条には、「癸丑、朝程雨降、午刻牧庵遣使者、兵庫介（助）（鈴鹿右正）、昨朝之礼也、及暮自丹州筑州上洛云々」とあることから羽柴秀吉が天正十二年（一五八四）にこの城を訪ねていたことがわかる。天正十年（一五八二）六月二日の本能寺の変から一年半が経過しており、少なくともこの頃まで周山城は存続していた。

石垣によって構えられた方形の本丸の中心部には天守台と見られる石垣の土壇が残されている。ただ、この天守台には穴蔵に入る入り口が三ヶ所に設けられており、極めて特異な構造であったことを示している。

この本丸を中心に北尾根、東尾根、南尾根、西尾根の四方に派生する尾根上には階段状に石垣による曲輪が配置されている。東尾根に配置された副郭と本丸の間には尾根の両側に登り石垣を配して斜面を遮断している。また、本丸の西側面には石垣が三段にわたって段積みされており、セットバック工法で高石垣を構えている。石垣の石材は人頭大よりやや大きめの自然石で、地山の石材である。いわゆる野面積みである。

虎口については主郭で外枡形《そとますがた》が用いられ、東尾根の副郭では方形の内枡形状の構造が認められる。特に内枡形状虎口の内面には石段が残されている。

なお、周山の地名は光秀が自らを周の武王に準《なぞら》えて命名したと伝えられている。

周山城の巨大な規模から光秀の築いた周山城ではなく、光秀討死後に秀吉が築き直したものとも言われているが、黒井城などの石垣と比較する限り、光秀築城段階のものと考えてもおかしくない。秀吉が訪れた周山城は光秀後も維持管理されていた光秀時代の周山城と考えられ、秀吉による改修ではないと思われる。

周山城では石垣によって構えられる部分とは別にまったく石垣を用いない土の城の部分が存在する。それは主郭から西に派生する尾根の上に築かれていることより西城と呼んでいる。土造りではあるが、その平面構造は石垣によって構えられた主郭部分と同じである。単なる土造りの城であるのか、石垣が埋められてしまったのか、今後石垣の痕跡の有無を明らかにする調査が必要となろう。その結果により主郭と西城の機能も明らかになることだろう。

## 三　池田照政の築城　兵庫城

平成二十四年（二〇一二）六月、神戸市教育委員会より兵庫城から石垣が検出されたとの電話をいただいた。かなり興奮気味の電話だったのであるが、正直、兵庫城と言われてもそのときはピンとこなかった。しかし、兵庫城を知らないとも言えず、そのときはすごいですねと、発掘現場を見に行く日程だけを調整させていただいて電話を切った。ちょうど大学の研究室にいたので、兵庫城を調べたところ、天正八年（一五八〇）に池田照政が信長の命を受けて築いた城であることがわかった。信長存命時代の家臣による石垣築城の城となると、坂本城や勝龍寺城の石垣が残っていない現在、石垣研究では相当重要な資料となるはずである。電話を切った後から自分も興奮してきた。

## 胴木工法と大量の転用材

兵庫城は江戸時代に尼崎《あまがさき》藩の兵庫津陣屋となり、明治には兵庫開港によって完全に取り壊され、発掘調査前は神戸市中央卸売市場の敷地となっていた。それを移転をするために発掘調査が実施されたのである。調査の結果、池田照政による築城の石垣の最下段、根石がほぼ曲輪の形状を復元できるほど良好な形で出土したのである。

根石の特徴は胴木《どうぎ》を据えていたことである。それも巨大な一本材を用い、接合部にはホゾを施してずれないように工夫されていた。また、胴木の先端部には穿孔《せんこう》されたものもあり、胴木を引きずって持ってくる際の縄掛けの孔《あな》であった。こうした胴木工法は元亀二年（一五七一）の勝龍寺城、同三年（一五七二）の坂本城、天正四年（一五七六）の安土城でも用いられており、信長の石垣構築で城郭石垣に採り入れられた技法ということができる。とりわけ兵庫城は海に近い軟弱地盤であったために、石垣を築く部分全てに胴木が用いられていた。

今ひとつの特徴としては石材に大量の転用材を用いていたことである。兵庫は平安時代末に平清盛《たいらのきよもり》によって改修された兵庫津があり、中世は大いに栄えた港町であり、数多くの寺社が建立された。そうした寺社に造立された石塔などが築城に用いられたのである。層塔、五輪塔、宝篋印塔《ほうきょういんとう》、石仏など多種多様な石造物が用いられていた。

兵庫城はあまり知られている城とは言えなかったが、この発掘調査によって信長家臣団の城郭として重要な位置を占めるようになった。

ただ、天正八年（一五八〇）の築城であるにもかかわらず瓦がほとんど出土しなかった点は

写真 27　兵庫城の発掘調査で検出された胴木と石垣

謎である。兵庫津以来付近には多くの寺社が造立されており、瓦製作の技術がないわけではない地域である。石垣・瓦・天守という要素を伴う居城とは別の機能を持つ城として、瓦は葺かれなかった可能性が高い。

## 四　柴田勝家と府中三人衆の築城
## 北庄城、丸岡城、龍門寺城、小丸城、府中城

### 勝家の新たな越前の拠点、北庄城

天正元年（一五七三）に越前朝倉氏を滅ぼした信長は、越前支配を前波《まえば》（桂田）長俊に任せた。ところが、その後の加賀《かが》一向一揆《いっこういっき》が越前にも波及すると、信長はこれを、総力を挙げて殲《せん》滅《めっ》し、天正三年（一五七五）に柴田勝家を越前に入れ置いた。その勝家が新たな越前の拠点として築いたのが北庄城であった。

『信長公記』には、「九月二日、豊原より北庄へ信長御越しなされ、城取御縄張させられ、御要害仰付けらる」（『信長公記』天正三年九月二日条）とあり、北庄への築城を指図したのは、信長であった。

北庄城は天正十一年（一五八三）に羽柴秀吉に攻められて炎上落城し、その後は福井築城によりまったく痕跡《こんせき》を残していないと考えられていた。そして城の中心は柴田神社付近であろうと考えられていた。しかし近年の発掘調査により、慶長六年（一六〇一）に結城秀康によって築かれた福井城と城域がほぼ重複していることが明らかとなった。

このため縄張りなどの構造は不明ではあるが、周辺の発掘調査により、石垣が用いられていたことはまちがいない。さらに注目されるのは笏谷石で製作された石瓦の出土である。信長の

城が、石垣、瓦、礎石建物によって構成されていたことは明らかであり、勝家の北庄城築城もこれに倣ったものであることはまちがいない。ところが、瓦に関しては北陸地方では冬期には凍《い》てついて割れてしまう。そこで割れない石製の瓦が導入されたのである。ちなみに、天正四年（一五七六）に勝家の甥《おい》で養子となった柴田勝豊が築いた丸岡城の天守も、石瓦が葺かれた天守として有名である。しかし丸岡城の天守は近年の研究によって創建当初は石瓦ではなく、柿葺屋根《こけらぶき》であったことが判明している。つまり北庄城で用いられた石瓦は日本最古の石瓦であった。

なお、前田利家が天正十一年（一五八三）に築いた金沢城では、白鳥堀の発掘調査で最下層より燻瓦《いぶし》が出土している。利家は加賀の新たな拠点として金沢城を築城するが、やはり石垣、瓦、礎石建物を持つ城を築く必要があった。そこで燻瓦を用いたが、最初の冬に大量の瓦が爆《は》ぜて割れてしまったようである。そのため以後瓦は使用されず、替わって木心に鉛を貼り付ける鉛瓦へと変化したようである。発掘調査で燻瓦が出土するのは最下層のみである。築城当初に葺かれて爆ぜた燻瓦が投棄されたものである。

天守に関しては、「一、城中ニ石蔵を高築、天主を九重に上候之処へ、（略）天主之九重目の上へ罷上、惣人数ニ懸詞、修理か腹の切様見申て、後学ニ仕候へと申付而、」（『毛利家文書』九八〇号）とあり、九重の天守が存在したと記されている。

いくらかの誇張はあるものの高層の天守が存在していた可能性は高い。近年の発掘調査は主として中心部の縁辺でおこなわれているが、こうした場所からは、十六世紀後半の遺構も多く検出されている。その年代観は勝家在城時代であり、武家屋敷では石垣などが検出されている。特にJR福井駅周辺の発掘調査で検出された石垣は野面積みではあるが、背面には栗石《ぐりいし》が充填《じゅうてん》されており、明らかに信長時代の石垣構築技法によって築かれた、上級武家屋敷の石垣であることが確認されている。

### 丸岡城は日本最古の現存天守ではなかった

なお、柴田勝豊によって築かれた丸岡城は、天正四年（一五七六）に築かれた伝承を持つ。その天守も同年に造営されたものと考えられ、日本最古の現存天守と言われてきた。昭和二十三年（一九四八）の福井地震により倒壊してしまったが、旧材を用いて復元され、国の重要文化財に指定されている。

この天守を科学的に分析しようと、平成二十七（二〇一五）年度から平成三十（二〇一八）年度にかけて丸岡城調査研究委員会が組織された。

年輪年代や放射性炭素による調査で、天守の用材は一六二〇年前後に伐採されたものであることが判明した。本多成重が福井藩の附家老として丸岡城に配された時代に造営された天守であることが明らかにされたのである。

ところが、その土台である天守台の石垣は福井地震で崩落する以前の写真から分析すると、自然石を積み上げる野面積み工法によって築かれており、天守造営と見られる一六二〇年前後より明らかに古い。勝家入城と考えられる天正四年（一五七六）とみてもまったく矛盾しない。

おそらく天守は天正四年に造営され、その後何らかの理由により一旦《いったん》取り壊されたものとみられる。そして寛永年間に本多成重により再建されたものが現在の天守と考えられる。

このように越前における北庄城と、その支城的立場で築かれた丸岡城では、石垣、天守、瓦（石瓦）という要素が貫徹されていたのである。

## 府中三人衆の築城

信長は不破光治《ふわみつはる》、佐々成政《さっさなりまさ》、前田利家に府中付近の二郡を与えて勝家の与力とした。いわゆる府中三人衆である。不破光治は龍門寺城、佐々成政は小丸《こまる》城、前田利家は府中城を居城として築いている。

龍門寺城は越前市本町に位置する平城で、現在の龍門寺一帯と考えられている。

天正元年（一五七三）に富田長繁《とみたながしげ》によって築かれたと伝えられる。長繁は天正二年（一五七四）に一向一揆軍に攻められる最中に家臣に討ち取られてしまう。その城跡に入ったのが不破光治であった。残念ながら規模、構造については不明である。

佐々成政によって築かれた小丸城は、福井県越前市五分市《ごぶいち》町に位置する平城である。一辺約一〇〇メートルの方形プランが現在も認められる。その東辺に本丸と呼ばれる石垣によって築かれた区間があるが、曲輪としては規模が小さく、方形区画が本丸で、石垣の残る区画は天守曲輪ではなかったかと考えられる。ここは石垣内が窪地《くぼち》となっているが、これは穴蔵ではないかとみられる。

小丸城で注目されるのが昭和七年（一九三二）に採取された文字瓦である。「此書物、後世ニ御らんしられ御物かたり可有候、然者五月廿四日いき（一揆）おこり、其まま前田又左衛門尉殿、いき千人はかりいけとりさせられ候也、御せいはいハ　はッつけかまニいられあふられ候哉、如此候一ふて書とどめ候」と、丸瓦の凹面に前田利家が一揆軍千人を生け捕り、磔《はりつけ》にし、釜茹《かまゆで》にして処刑したことがヘラ書きで記されていた。

かつてはあまりのリアルさゆえ後世に製作された贋物と言われた時期もあったが、久保智康氏が瓦そのものの製作技法に注目し、天正四年（一五七六）に製作された本物であることを明らかにしている。このように小丸城でも石垣、瓦、天守という要素が用いられた城であることが明らかとなった。

府中城は越前市府中に所在する平城である。

名前が示す通り国府が置かれた地で、中世には守護所も置かれた場所と考えられている。戦国時代には朝倉氏が一乗谷に本拠を置いたため、府中城には代官が派遣されていた。天正三年（一五七五）に前田利家の居城として改修が施された。利家が天正九年（一五八一）に能登を賜ると居城を七尾城に移し、府中城は木村重茲《しげこれ》に与えられるが、慶長五年（一六〇〇）の関ヶ原合戦後に、越前が結城秀康に与えられると、その附家老として本多富正が府中城に入れ置かれた。城は江戸時代を通じて福井藩の附家老本多氏の御館として明治維新まで存続した。維新後は学校や市役所の敷地となり、地上には城跡の痕跡を残しておらず、その構造は不明であった。ところが、平成二十七年（二〇一五）、越前市が庁舎の建て替えに伴い発掘調査を実施したところ、地中より石垣が姿を現したのである。

私はこの発掘調査を見学しておらず写真でしか判断できないのであるが、実に重要な発掘であったと言える。発掘当初は利家の築いたものではなく、慶長六年（一六〇一）に、関ヶ原合戦の戦功により越前を与えられた結城秀康の附家老本多富正によって築かれたものとして報道され、さらに石垣よりも上層の江戸期の庭園遺構が重要視されていたため、ほとんど石垣に対して注目されることがなかった。

しかし、その写真を見て驚いたのである。まず石垣石材に加工した石材が一切用いられていないのである。その積み方は野面積みそのものであり、とても慶長六年（一六〇一）に築かれた石垣とは考えられない。自然石を乱雑に積み上げ、間詰め石もあまり用いられていない石垣は天正三年（一五七五）の前田利家によるものとみられる。遺物に瓦は認められなかったようで、天守についても詳細は不明である。ただ少なくとも城の中心部は総石垣造りであったことにまちがいないようである。

北陸における柴田勝家や府中三人衆の築城も、ようやく発掘調査の成果などから天正三年築城当時の構造が明らかになりつつあり、そこにも信長による指図や信長の築城意図としての石垣や瓦、天守が導入されていたことが明らかとなった。

## 五　細川藤孝の築城　勝龍寺城

### 堀と土塁で北方防御の最前線

細川藤孝は三淵晴員《みつぶちはるかず》の子で室町幕府の幕臣として将軍義輝に仕えていたが、義昭擁立に際して織田信長に助力を求め、後に信長の家臣となる。元亀二年（一五七一）には西岡と呼ばれる山城国乙訓《おとくに》郡の一職支配を賜り、勝龍寺に城を構えて居城とした。乙訓郡勝龍寺は弘法大師《こうぼうだいし》空海によって開基されたと伝えられる寺院であるが、康正三年（一四五七）、長禄《ちょうろく》二年（一四五八）に足利義政の八幡社参詣のため守護が御番人夫をこの寺に派遣しており、山城守護の乙訓郡役所としての性格を有していたものと考えられている。さらに応仁文明の乱では文明二年（一四七〇）頃に畠山義就《はたけやまよしなり》がこの寺を陣城《じんしろ》としており、やはり単なる寺院ではなく、公的な役所機能を有していたようである。そうした守護の公的な場に藤孝は城郭を構えたのである。

『細川家文書』の細川藤孝宛の信長書状には、

「勝龍寺要害之儀付而、桂《かつら》川より西在々所々、門並人夫参ケ日之間被申付、可有普請事簡（肝）要候、仍如件　十月十四日　信長（朱印影）　細川兵部（藤孝）太（大）輔殿」

とあり、築城に際して信長より三日間の人夫動員したことが窺える。

ただ、勝龍寺の位置は乙訓丘陵が落ち込み、小畑《おばた》川と犬《いぬ》川に挟まれた低地にあり、城郭を築くには不利な地である。それを克服するべく、「考ニ米田家記ニ青竜寺御城平城ニ而要害不堅

写真28　勝龍寺城の発掘調査で検出された門跡

固ニ付、求政に御相談被成候へは、御城の外ニ二重堀を被仰付、其上に土居を築き可然よし申上、」「沼田丸・松井・米田・神足《こうたり》屋敷なと申伝有之候、初は至而小城なりしを追々御広め被成たる成へし、」（『綿考輯録《めんこうしゅうろく》』）とあり、城よりも高位にある乙訓丘陵に外郭線としての二重堀を構え、さらに城域の拡大にあたっては周辺に分布していた屋敷を曲輪として城域に組み込んだことがわかる。

勝龍寺城の立地は乙訓丘陵が落ち込んだところにある。つまり京都側からは見下ろされるという城郭としては決定的な弱点となる。勝龍寺が室町以降守護にとって重要な場であったといえども戦国時代後半の城郭の立地には適していない。そこで外に二重堀を構えたとあるのは、この丘陵を城域に取り込むために構えられた堀と土塁なのであった。現在も本丸の北側、神足神社の境内地に東西に伸

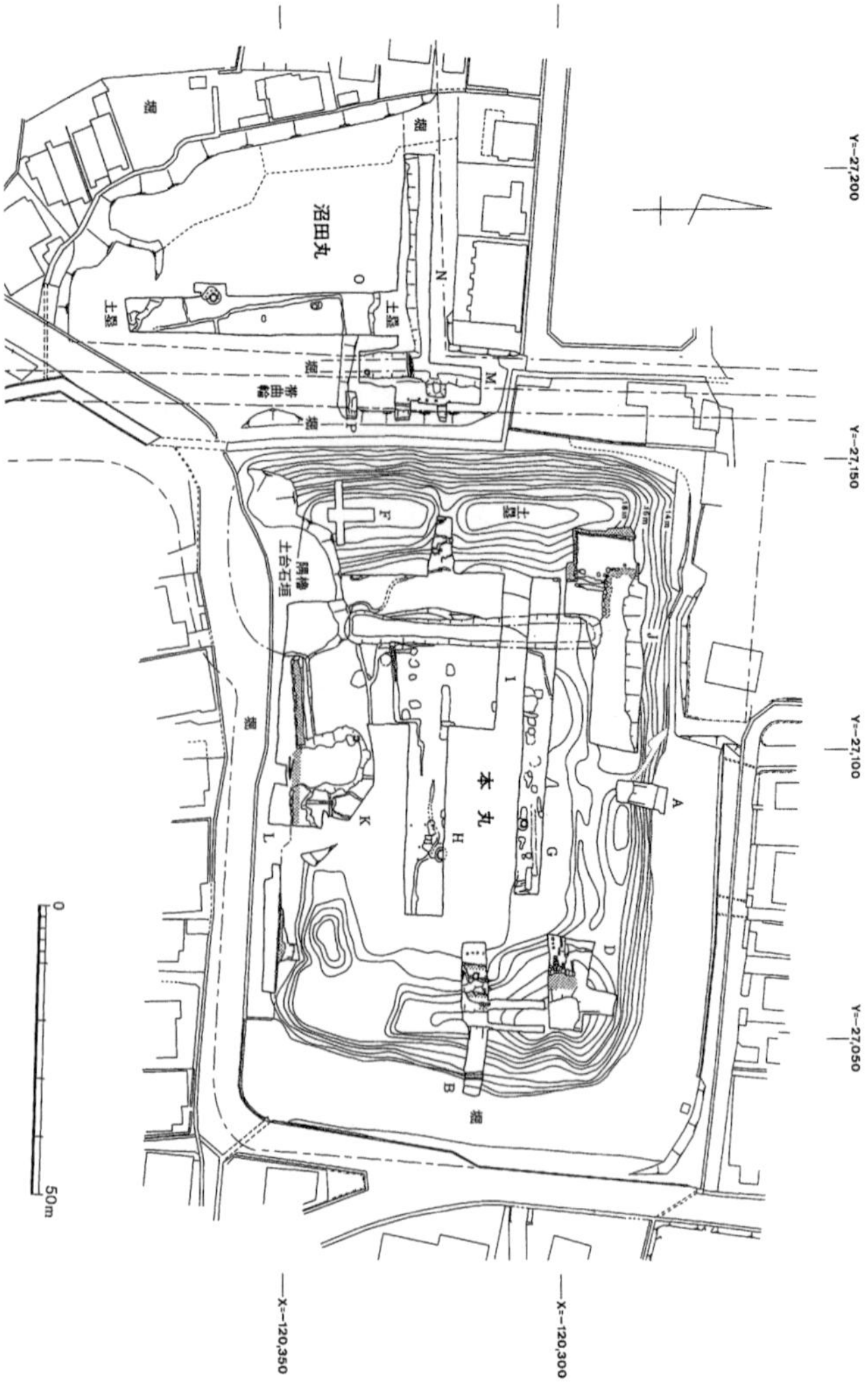


図 14　勝龍寺城本丸発掘調査図（[財] 長岡京市埋蔵文化財センター 1991 による）
（長岡京市教育委員会所蔵・提供）

びる土塁と空堀が残されている。近年の公園整備に伴い発掘調査も実施され、幅約三・八メートル、深さ約一・五メートルの堀と、高さ約六・五メートル・傾斜角度四十五度の巨大な土塁が検出された。この堀と土塁で北方防御の最前線としたのである。

なお、勝龍寺城の廃城後、寛永十年（一六三三）に長岡藩が立藩され、永井直清が入封するのであるが、古城（勝龍寺城）が水捌《みずは》けの悪いところなので、北方の台地に新たに陣屋を構えることを幕府に願い出ている。これからもわかるように軍事的な城郭を構えるには適さない場所であった。それを外郭を構えることにより何とか乗り越えたのである。

本丸も従来の守護の郡役所としての方形プランであった構造をそのまま利用したようで、方形構造となる。発掘調査の結果、この本丸は石垣によって築かれていたことが明らかとなった。調査以前は方形の本丸の周囲に土塁が巡らされている構造と思われていたのであるが、調査の結果、実は土塁ではなく、内外面ともに石垣であることが判明した。石垣は自然石を積み上げる野面積みではあるが、大量の栗石を充填し、表面を平滑にしようとする意識などは戦国時代の石積みではなく、後の安土城に繋《つな》がるものであり、石工については坂本城などと同様に信長の石工が貸与された可能性が高い。勝龍寺城の石垣でも根石の下に胴木が置かれていたことが発掘調査によって検出されており、やはり信長の石垣の積み方の特徴が認められた。

### 安土城に先行する最古級の貴重な城郭

縄張りに注目すると、本丸の北東隅部では櫓台の石垣が検出されており、本丸隅部には櫓が構えられていたことが明らかとなった。また、内面石垣の裾部で礎石が規則正しく配置されている構造も明らかとなっている。これは本丸に建てられた建物のものではなく、石垣上に構えられた施設の柱を据え付けるための礎石であったと考えられる。そうであれば大坂冬の陣図屏風《びょうぶ》に見られる桟敷のような施設が設けられていたとみられる。

発掘調査で最も注目されるのが北西部分の虎口の形状である。城外からこの虎口に入るためには正面に石垣が貼られ、左折して本丸に入る枡形虎口である。発掘調査の結果、城内に入って左折れした場所で門の礎石が検出されている。いわゆる一の門に高麗《こうらい》門を、その内側の右左どちらかに櫓門を構える内枡形とは違う構造である。おそらく正面には門は設けられず、左右に屈曲したところに櫓門を設けるタイプの枡形であった。高麗門の出現は慶長五年（一六〇〇）の関ヶ原合戦直後であり、こうした正面が開口し、屈曲したところに門を構える枡形虎口はそれ以前の織豊系城郭の大きな特徴であると見られる。

主郭の南西隅部は方形の本丸より突出して櫓台が構えられており、調査以前はここが天守台ではないかと見られていた。調査の結果は、この部分は後世に削られたようであり、明確な遺構は検出されなかった。ただ、『京都御所東山御文庫記録』に以下のような文書が確認されている。

「表包
三てう大なこん殿御てんしゆのとき、さしきのやうたいのかき物

本紙表書
天正二歳在甲戌六月十七日、古今集切紙、於勝龍寺城殿主、従三条大納言殿伝授、座敷者、殿主上壇東面人丸像掛之、」

これは天正二年（一五七四）に細川藤孝が三条西実澄《さんじようにしさねずみ》より古今集切紙を伝授されたときのことを記したものである。ここで伝授された場所が殿主と記されているのである。天守を殿主と記す近世の絵図は多くあり、ここでの殿主も天守のことである可能性が高い。また、そうであれば天守のなかに座敷があったこととなるが、安土城はもちろんのこと、明智光秀の坂本城の天主にも小座敷のあったことが『兼見卿記』に記されており、初期の天守は居住施設であったことが共通している。その場所は明らかではないが、本丸の構造を見る限り、やはり南西隅部の突出部が天守の位置だったのであろう。

殿主が天守であれば勝龍寺城の天守も坂本城の天守とともに安土城に先行する、日本で最古級の天守となる。信長が自らの居城以外に先行して天守を築かせることはまず考えられない。おそらく天守という高層建築物を安土城に築くにあたっての試作品として坂本城と勝龍寺城に天守を築かせたものと考えられる。安土築城以前に天守の存在した信長の家臣の城は坂本城と勝龍寺城のみであるが、いずれの城主も代々織田家に仕える譜代の家臣ではなく、室町幕府の幕臣であった点は興味深い。

ところで勝龍寺城の発掘調査では本丸の中心部からはほとんど建物遺構が検出されなかった。

小規模な礎石建物と掘立柱建物が数棟建つのみで、御殿のような施設は存在しなかった。近世城郭でも本丸に御殿を設ける事例は少なく、藩主の居住空間は二の丸に置かれる場合が多い。これは本丸が詰城、二の丸が居館という戦国の二元構造を引き継いだものと思われる。勝龍寺城の場合も御殿は本丸以外の曲輪に構えられていたのであろう。

勝龍寺城の発掘調査では大量の瓦が出土しており、本丸の建物はすべて瓦葺き建物であったと見られる。その瓦のなかで瓦当《がとう》が左巻きの三ツ巴《みつどもえ》文軒丸瓦が坂本城出土の瓦と同笵《どうはん》であることが判明している。さらにこの瓦は越前小丸城跡からも出土している。小丸城は天正三年（一五七五）に佐々成政によって築城された城であり、やはり織田系の城郭であり、信長は家臣の築城に瓦工を貸与していたことは明らかである。

このように勝龍寺城も石垣、瓦、礎石建物（天守）を伴う織豊系城郭であることが明らかとなった。さらにその築城は元亀二年（一五七一）という織豊系城郭のなかで安土城に先行する最古級に位置付ける貴重な城郭である。岐阜城から安土城への道程を考えるうえで勝龍寺城と坂本城は実に重要な城郭といえよう。

# 第六章　合戦と陣城

これまで織田信長とその子息、一門や家臣団の築城をみてきた。そこには織豊系城郭という極めて斉一性の強い構造の城郭を築いていたことを明らかにすることができた。これらは居城と呼ばれる永久築城であった。居城であるとともに政治をおこなう場でもあり、統一政権のシンボルであった。そのため石垣や瓦、天守が造営され、見せるという城郭が誕生したのであった。

ところで織豊系城郭とはこうした永久築城だけではない。実は合戦に伴い数多くの城郭を築いている。それは戦国大名のなかでも突出した数の城を築いている。特に攻城戦に対して敵方の城郭の周囲に城郭を築くという戦法を多用している。もちろん対峙《たいじ》戦にも城郭が築かれた。合戦に際して築かれた城郭は合戦が終わると用いられなくなる、極めて臨時的な築城である。こうした城郭を『信長公記』のなかでは、付城、取出、要害、対の城などと記している。また、城郭研究では陣城《じんしろ》と呼んでいる。

信長は戦いのなかでこの陣城を多用するのであるが、こうした臨時築城にも信長や秀吉による築城の斉一性が認められる。毛利氏や尼子《あまご》氏も攻城戦に陣城を構えるが、その構造は戦国時代の山城と何ら変わらない。信長は居城と陣城を使い分けていたのである。信長の築城を知るためにはこの陣城の分析は不可欠といえよう。本章ではこれまで城郭研究者しか注目してこなかった陣城について、合戦ごとに見ていくこととしたい。

# 一　桶狭間合戦と陣城　鳴海城、大高城

## 城から見た桶狭間

現在、桶狭間《おけはざま》周辺は名古屋のベッドタウンとなり、戦国時代を彷彿《ほうふつ》とさせるものはほとんど残されていない。城跡も同様にほとんど遺構は認められず、ただ史跡の石碑が建つだけである。しかし、城跡に立つと住宅地の中に相手方の城跡を望むことができる。おそらく、合戦当時は城と城の間にさえぎるものは何もなく、敵城内の動向は手に取るようにわかっただろう。城にとってその縄張りとともに立地は大変重要である。桶狭間の城跡は今でもこうした城郭立地の重要性を示してくれるテキストといえる。

## 桶狭間合戦と城郭

さて、桶狭間合戦は、上洛《じょうらく》を目指す今川義元《いまがわよしもと》を織田信長が奇襲によって討った合戦としてあまりにも有名である。しかし、近年では奇襲ではなく、正面から今川軍の前衛隊を打ち破り、義元本陣を衝《つ》いた遭遇戦であったことが明らかにされている。さらに、義元の尾張侵攻は上洛ではなく、国境紛争であったといわれている。

合戦の契機となったのは、信長の築いた付城《つけじろ》によって苦境に立たされている鳴海《なるみ》城、大高《おおだか》城への救援であった。なぜ、義元が尾張領国の鳴海城、大高城を救出する必要があったのだろう

か。

鳴海城は、応永《おうえい》年間（一三九四〜一四二八）に安原宗範《やすはらむねのり》によって築かれ、その後、山口教継《やまぐちのりつぐ》が城主となる。教継は織田信秀没後、織田家を離反し、今川家に誼《よしみ》を通じ、鳴海城に息子教吉《のりよし》を入れ置き、自らは桜中村と笠寺《かさでら》に砦《とりで》を築き、今川方を引き入れた。

一方、大高城は永正年間（一五〇四〜一五二一）に花井備中守によって築かれ、後に水野氏のものとなり、永禄三年（一五六〇）当時は水野為善が守っていた。鳴海城主山口教継は、調略によって為善を今川方に取り込んだ。こうして三河国境に近い二つの拠点が今川方となってしまったのである。さらに義元は教継父子を切腹させ、腹心の岡部元信《おかべもとのぶ》を鳴海城に入れ、尾張侵攻の足場とした。

ところで、当時両城の直下は伊勢湾であった。信長がどうしても鳴海城と大高城を奪取しなければならなかったのは、単に国境の境目の城というだけではなく、いずれの城も海上交通の要衝であったからにほかならない。

今川方の国境侵犯に対して、信長は両城に付城を築いて牽制《けんせい》した。『信長公記』に、「鳴海城より廿町隔て、たんけと云ふ古屋しきあり。是を御取出にかまへられ、（略）東に善照寺とて古跡これあり。御要害候て、（略）南中嶋とて小村あり。御取出になされ……」、

「一、黒末入海の向ひに、なるみ・大だか、間を取切り、御取出二ヶ所仰付けられ、

一、丸根山には佐久間大学をかせられ、

一、鷲津山には織田玄蕃・飯尾近江守父子入れをかせられ候キ」

とあり、鳴海城の周辺に丹下砦《たんげ》、善照寺要害《ぜんしょうじ》、中嶋砦《なかしま》を構え、大高城には丸根砦《まるね》、鷲津砦《わしづ》を構えて、鳴海城との連絡を遮断した。

こうした信長の付城に対して、義元自らが出陣することによって、数年間続いた国境地帯の小競り合いを一気に打開しようとしたのが、桶狭間合戦となったものと考えられる。

## 信長軍の付城

鳴海城は伊勢湾に注ぐ黒末川《くろすえ》河口に突出した丘陵先端に築かれていた。このため、城の西、南面は海に面した「後堅固《うしろけんご》の城」であった。信長は陸路を封鎖する目的で、北方に丹下砦、東方に善照寺要害を築き、海上封鎖の拠点として中嶋砦を築いた。海上以外の三方向より鳴海城を取り囲んだわけである。

残念ながら、いずれも宅地化が進み、城跡の痕跡をまったく残しておらず、信長の築いた付城の実態は不明といわざるを得ない。しかし、『信長公記』に記されているように、丹下砦は古屋敷を、善照寺要害は古跡（寺院跡か？）をそれぞれ利用して築城しており、非常に臨時的なものであった。

善照寺要害については、現在、主郭跡が公園となり、その周辺は完全に住宅地となり、城郭遺構はほとんど止《とど》めていない。東西に延びる丘陵の東端に主郭を配し、西側に外郭を構えたものと考えられる。ところで、この善照寺要害については、昭和初年に陸軍築城本部内に設置された本邦築城史編纂《へんさん》委員会によって調査されており、当時の略測図が国立国会図書館に『日本城郭史資料』として残されている。それによると、土塁を巡らせた約四十メートル四方の方形プランの構造で、虎口は西に面して設けられていたことがわかる。

中嶋砦については、痕跡《こんせき》はおろか、古絵図等史料が残されておらず、その構造はまったく不明である。撤去後は痕跡も残らないような簡単な構造であったものと考えられる。おそらく、鳴海城の海側を牽制するための船舶を繋留《けいりゅう》するためのドックが設けられていただけのものであったのだろう。

一方、大高城に対して構えられた付城はどのような構造だったのだろうか。大高城も鳴海城と同様に、伊勢湾に面した段丘上に構えられていた。天正二年（一五七四）の長島城攻めに集められた船の中に、大高浦の名が見えており、大高が港湾として重要な位置を占めていたことがわかる。このため、陸路を封鎖する目的で大高城を望む東側丘陵上に、丸根砦、鷲津砦が築かれた。大高、丸根間はわずかに八〇〇メートル、大高、鷲津間も九〇〇メートルという、きわめて近距離間に構えられた。昭和十三年（一九三八）に、大高城、丸根砦、鷲津砦は、ともに国の史跡に指定されており、かろうじて中心部は残されている。

丸根砦跡は、住宅密集地の中に円形の小高い山として残っている。しかし、実際に主郭と考えられる頂上部に立つと、曲輪《くるわ》としての削平がなされておらず、自然地形であることがわかる。この主郭の一段下には、ほぼ同心円状に巡る帯曲輪が認められ、何とか城として判断できるような構造である。丸根砦の構造を記したものとして、「桶狭間合戦之図」（蓬左文庫蔵）がある。この絵図は江戸時代に描かれたものではあるが、「義元本陣」と記した唯一の絵図として著名である。注記も多く記されていることより、江戸時代に現地を調査し、地元に残る伝承等を書き込んだものと考えられる。この絵図では、丸根砦が円形の単郭構造に描かれており、ほぼ現状と同じであることがわかる。絵図では、北側に虎口が構えられているが、その虎口前面には、「コ」の字状に突出した小曲輪が描かれている。虎口前面に構えられた小曲輪は、角馬出《うまだし》として評価してよい。現状では、北東部に突出した帯曲輪状の削平地の痕跡があり、あるいは、これが絵図の馬出の痕跡かもしれない。主郭を削平しない事例は、陣城《じんしろ》では数多く認められることより、丸根砦の場合も、緊急に付城を構える必要性から、未削平のまま周囲に堀を巡らせて陣としたものと思われる。

鷲津砦については、その砦跡と伝えられる場所が、現在住宅地に囲まれた公園となっており、何ら遺構を残していない。さらに、史跡の石碑の建てられている場所は、自然地形の尾根斜面地であり、城跡ですらない。昭和十三年（一九三八）の史跡指定にあたって、すでに顕著な城跡遺構が残っていなかったために、アバウトに砦跡周辺ということで史跡指定がなされたのであろう。この地を訪れた本邦築城史編纂委員会は、鷲津砦について、「目下鷲津砦ト称スル所ハ西方ニ傾斜セル山腹ノ緩傾斜面ニテ山頂ヨリ敵ノ攻撃ヲ蒙レバ薄弱ナルモノ□□□城砦ノ形態ヲ具ヘズ尚研究ヲ要ス」として、疑問視している。築城史編纂委員会の調査員は陸軍軍人であり、その軍人が疑問視している点は興味深い。

もちろん、現在の城郭研究からも現状の鷲津砦跡については、否定せざるを得ない。史跡指定については、城の遺構などにはほとんど関心なく、参謀本部によって編纂された『日本戦史

（桶狭間役）』に所収された図面に落とされた鷲津砦のポイントのあたりであればよかったのである。

先に見た「桶狭間合戦之図」では、丘陵上に単郭の方形プランの構造で、西側に虎口を構えていた姿が描かれている。北面には空堀が巡らされておらず、絶壁であったことを示している。現在の砦跡比定地では、北面は丘陵の高台が続いており、ここを処理しなければ城郭の用をなさない。こうした点からも、現在の比定地は誤りで、北方尾根が砦跡としては有力な候補地となろう。ところで、絵図には西側に開口する虎口は、前面に蟹鋏《かにばさみ》状に構えられた小曲輪を描いている。これは副郭ではなく、虎口に伴う施設、つまり、馬出と考えられる。丸根砦跡に描かれているような両サイドに土橋を持ち、前面は完全に「コ」の字状に空堀を巡らせる角馬出ではなく、虎口前面に構えられた空堀の前面にややずらせて土橋を設けるもので、両サイドは空堀と崖《がけ》面によって塞《ふさ》いでいる。こうした構造からは完全な馬出ではないかもしれないが、虎口防御の橋頭堡《きょうとうほ》として、馬出と同様の機能を果たす施設として評価できる。

## 城から見た桶狭間合戦

さて、これまで織田信長によって構えられた付城を見てきたが、これらには共通する特徴が見出《みいだ》せそうである。それは、虎口を防御する馬出の存在である。現地には遺構としては残されていないが、丸根砦、鷲津砦に関しては、「桶狭間合戦之図」で見事に馬出が描かれている。さらに、鷲津砦に関しては、「尾州知多郡大高之内鷲津丸根古城図」（蓬左《ほうさ》文庫蔵）に、片サイドを開口した見事な角馬出が描かれている。また、善照寺要害では、高田徹氏が地籍図を用いて復元作業を試みており、主郭虎口の前面に「L」字状の畑地の存在を指摘されているが、まさにこれも角馬出の痕跡を示すものと思われる。丹下砦に関しても複郭を想定したが、実は主郭の前面に構えられた角馬出としてもおかしくはない。

このように信長方によって構えられた付城は、コンパクトで非常に臨時的なものであったが、主郭の前面に馬出を構えて、防御を強固なものとしていたことがわかる。さらに、こうした馬出は、信長方の付城だけではなく、今川方となった鳴海城、大高城などにも認められる。これらの構築年代は、織田方に属していた段階のものなのか、今川方に属した段階で改修を受けたものなのかは難しいが、いずれにせよ、弘治年間（一五五五〜一五五八）から永禄三年（一五六〇）にかけて築かれたことはまちがいない。大高城では、現在でも中心部を空堀で分断した前面に角馬出状の痕跡を残している。鳴海城では、「愛知郡鳴海村古城絵図」（蓬左文庫蔵）に、主郭東側の土橋前面に堀を巡らせた小曲輪が描かれており、やはり、馬出の存在したことが知られる。さらに、桶狭間合戦の前日に今川義元が宿泊した沓掛《くつかけ》城でも、「愛知郡沓掛村古城絵図」（蓬左文庫蔵）によれば、主郭の南側に見事な丸馬出が描かれている。沓掛城は今川方の最前線であり、桶狭間合戦後は信長方の城として機能しており、ここでも織田、今川のいずれかが馬出を構えていたこととなる。

従来、丸馬出は甲斐の武田信玄、角馬出は北条氏を中心とした関東で用いられていたとされてきたが、見てきたように織田信長や今川義元によっても、弘治年間から永禄三年に築かれていたことはまちがいない。こうした馬出を評価することなく、従来、尾張の城は方形館タイプの軍事的に突出したものではないとされてきたが、実は武田氏や北条氏と肩を並べるほど、当時としては発達した防御施設としての城郭を構えていたのである。

ところで、蓬左文庫の中には、江戸時代に尾張藩内の古城跡を実測して描いた古城図が残されている。これは有事に備えて古城を再利用するための測量図であった。桶狭間合戦に関しては、鳴海城と大高城の絵図が残されている。おそらく、有事に使えると判断されたのは、この二城だけだったのだろう。丹下砦、善照寺要害、中嶋砦、丸根砦、鷲津砦の絵図が作成されなかったのは、遺構が残っていなかったからではなく、有事に使えるような砦ではなかったことを示しているのではないだろうか。発達した城郭構造であっても、きわめて小規模かつ臨時的な砦であり、国境の小競り合いには用いられても、それ以上の広域戦には決して耐え得るものではなかったのであろう。

## 二　姉川合戦と志賀の陣と陣城　横山城

### 浅井軍を小谷城からおびき出す

元亀元年（一五七〇）、信長を敦賀《つるが》で討ち果たせなかった浅井・朝倉軍であった。信長は羽柴秀吉、徳川家康、明智光秀らに殿《しんがり》を任せ、近江の朽木谷を通り京都大原に帰京する。そして近江野洲《やす》から伊勢に抜け、岐阜に帰陣する。信長は直ちに軍を立て直し、近江への進軍を開始する。これに対して浅井長政も信長軍を近江へ入れさせないために江濃国境に要害を築く。『信長公記』には「去程に、浅井備前越前衆を呼越し、たけくらべ・かりやす両所に要害を構へ候。」（元亀元年［一五七〇］六月条）と記されており、たけくらべとかりやすの二ヶ所に要害を構えて信長の進攻を阻止しようとした。江北は浅井氏の領国であったが、江濃国境での築城に越前朝倉氏からの援助があった。これは普請に従事する人夫が少なかったための応援ではなく、築城に際しての縄張りといった築城技術への支援ではなかったかと考えられる。

たけくらべとは長比のことで、現在の滋賀県米原《まいばら》市長久寺《ちようきゆうじ》に位置する城である。その構造は東別城一郭と呼ばれる、独立した城郭が二ヶ所にわたって築かれている山城である。眼下には東山道（中山道）を一望することができる。かりやすとは苅安のことで、現在の米原市弥高《やたか》・上平寺《へいじ》に位置する山城である。この城は上平寺城と呼ばれ、元来は江北の守護京極高清によって永正二年（一五〇五）に築かれた居城であった。眼下には越前道（北国脇往還）を一望することができる。ところが現存する遺構には外枡形《そとますがた》構造となる発達した虎口《こぐち》や、尾根先端に放射状に構えられた竪堀《たてぼり》群などからはとても十六世紀前半に築かれた城とは考えられない。現存する発達した城郭構造は元亀元年（一五七〇）に浅井長政によって構えられたかりやすの要害の遺構であることはまちがいない。長比城の枡形虎口、苅安城の外枡形虎口や竪堀群は元亀年間の浅井・朝倉側の築城技術を示している。

信長の近江への進攻を食い止めるべく築かれたたけくらべ、かりやすの両要害は美濃から近江への主要街道である東山道と越前道を押さえる鉄壁なものであった。ところが『信長公記』

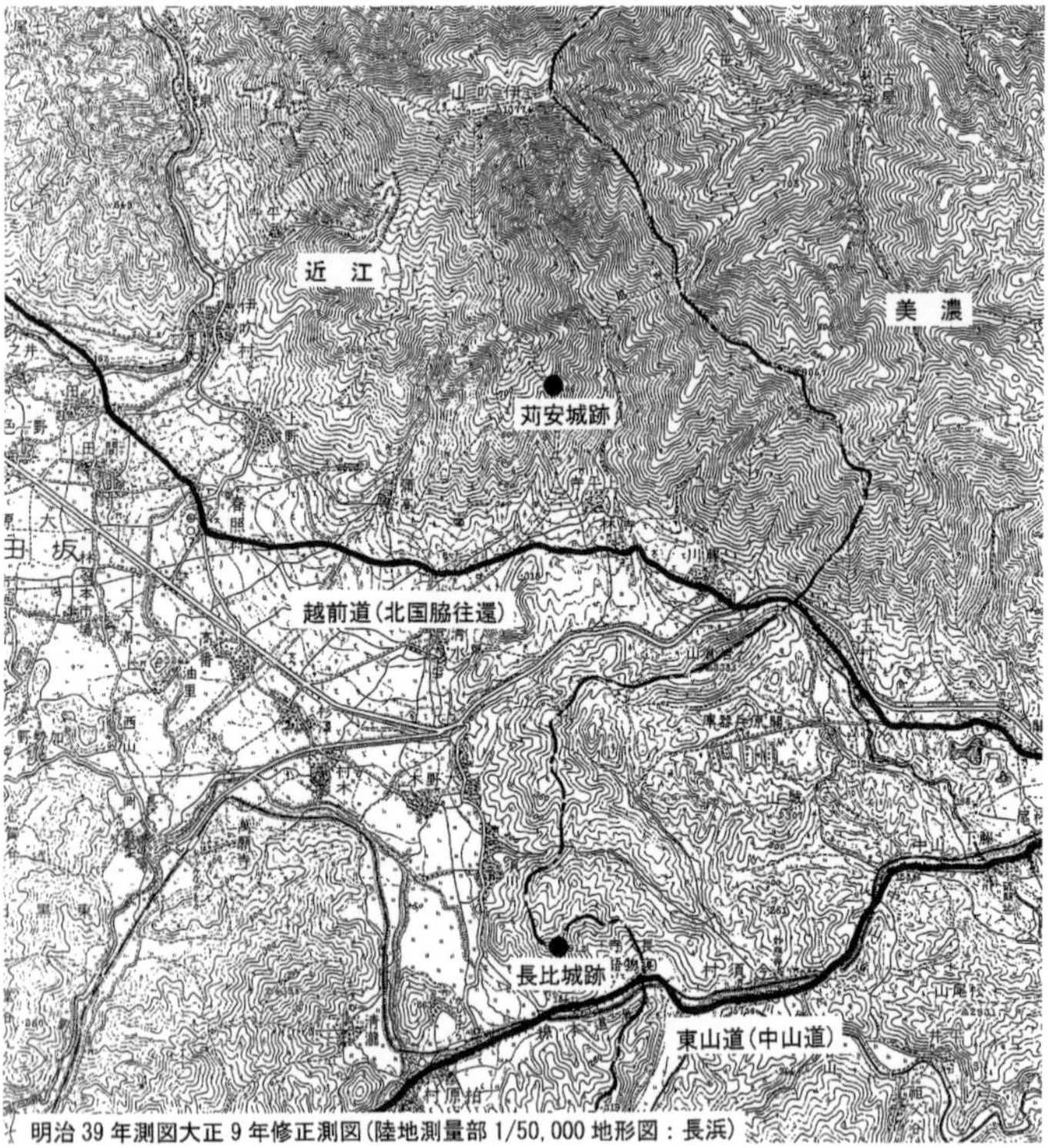


図15　長比城、苅安城周辺図

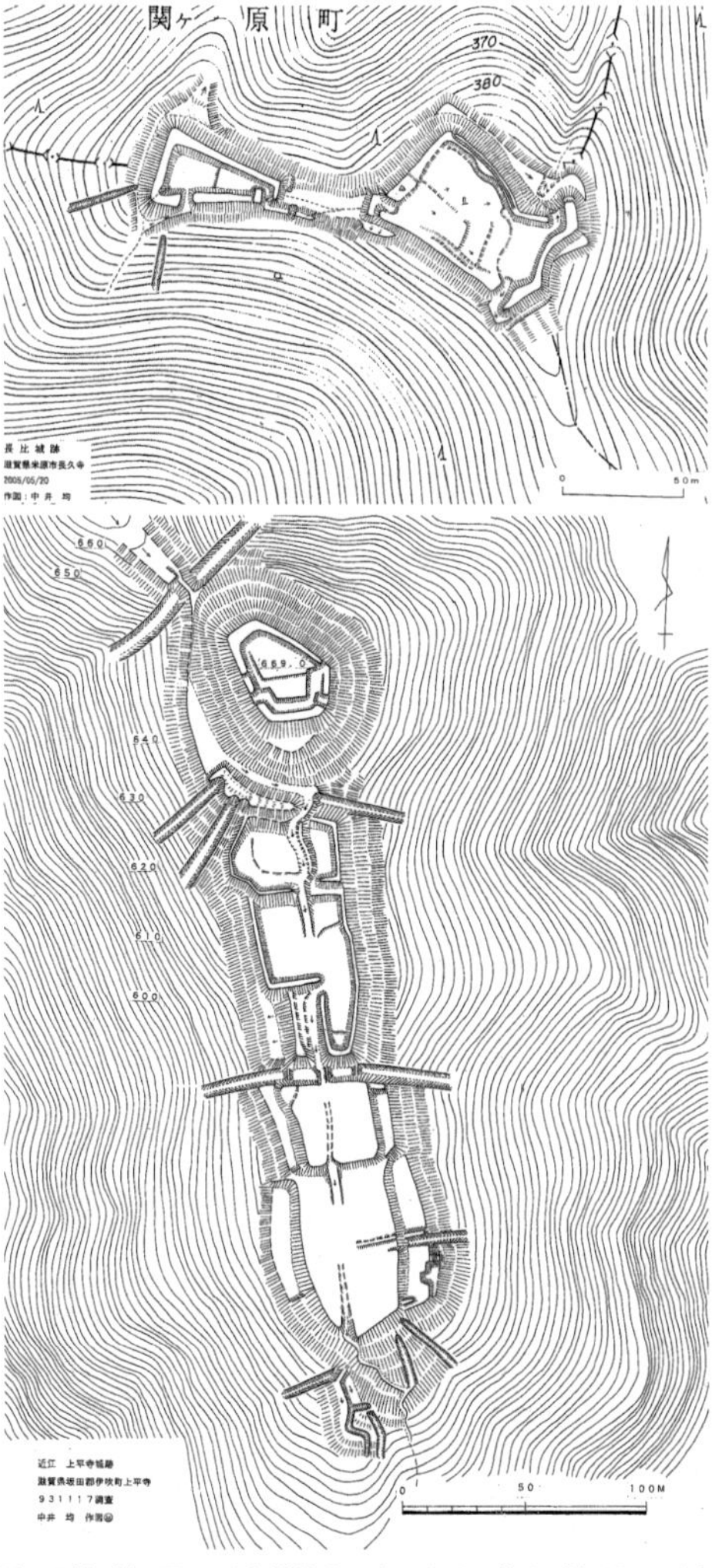


図 16 （上）長比城縄張図（中井均作図）、（下）苅安城縄張図（中井均作図）

には「六月十九日、信長公御馬を出《い》だされ、堀・樋口《ひぐち》謀叛《むほん》の由承り、たけくらべ、かりやす取物も取敢へず退散なり。たけくらべに一両日御逗留なされ、」（元亀元年［一五七〇］六月十九日条）とあり、たけくらべ・かりやすの要害は戦うことなく守備兵は退散してしまう。近江国坂田郡は鎌刃《かまは》城主である堀秀村《ほりひでむら》が所領していた。羽柴秀吉は竹中半兵衛を調略に向かわせ、堀秀村とその老臣である樋口直房《なおふさ》を信長方に引き入れることに成功している。たけくらべ・かりやすの要害の守備にあたっていたのがこの堀秀村と樋口直房であったが、信長方に与《くみ》してしまったので要害の守備兵は一目散に城を放棄してしまったのであった。信長は無血で近江に進攻することができた。鉄壁の城を鉄壁にするのは決して縄張りなどではなく、城内にいる兵によるものであることを如実に物語っている。

近江に進攻した信長は、一旦浅井久政、長政父子の立て籠もる小谷城を攻めるが、「大谷（小谷）は高山節所の地に候間、一旦に攻上り候事なり難く思食され、」（『信長公記』元亀元年［一五七〇］六月二十八日条）とあるように小谷城が高い山にあるので攻め難いと判断した。そこで信長は籠城戦は不利となるため、小谷城に立て籠もる浅井軍を小谷城からおびき出す作戦を立てる。それが姉川の合戦だったのではないかと推察している。

しかし、ここで注目しておきたいのは姉川の合戦の前哨《ぜんしよう》戦である。『信長公記』に、「よこ山の城、高坂・三田村、野村肥後楯籠り相抱へ候。廿四日に四方より取詰め、信長公はたつがはなに御陣取。家康公も御出陣候て、同龍が鼻に御陣取。」（元亀元年［一五七〇］）とあり、浅井長政の家臣高坂氏、三田村氏、野村氏が陣取っていた横山《よこやま》城を攻めたのである。信長の横山城攻めに対して浅井・朝倉軍は朝倉景健《かげたけ》を後詰として大依山《おおより》に八〇〇〇の兵をもって派兵する。さらに浅井長政が五〇〇〇の兵でこれに加わる。こうして小谷城から打って出た浅井軍と姉川を挟んで合戦に及んだわけである。「高山節所」の小谷城攻めのリスクを避けるため、平地で戦いを望んだ信長は横山城を攻めることにより、小谷城に立て籠もる浅井・朝倉軍をおびき出したのが姉川の合戦だった。六月二十八日付の信長が細川藤孝に宛てた書状には、「今日巳時越前者并浅井備前守、横山為後詰、野村与申所迄執出」(『津田文書』)と記している。

## 小谷城監視としての横山城

戦いは信長の思惑通りとはなったが、姉川の合戦で決定的な勝利を得ることができず、以後三年にわたって小谷城攻めが繰り広げられることとなる。その最前線となったのが横山城で、木下藤吉郎が城番として入れ置かれた。横山城主郭からの眺望は抜群で、北正面に小谷城を睨《にら》み、東山麓には越前道(北国脇往還)を望み、西山麓には北国街道を望むことができる。小谷城を監視するには最適の立地である。横山城は戦争に伴う極めて臨時的な付城であり、石垣や瓦は伴わない。山を切り盛りして築いた戦国時代の山城である。

横山城は標高三一一・九メートルの横山山頂に構えられ、その構造は兵学(軍学)にいう「別城一郭」となる。Y字状に派生する尾根筋を利用して大きく北城と南城から構成される。北城は山頂に主郭を構え、北側には階段状に曲輪《くるわ》を配置し先端は堀切で遮断している。西側尾根にも曲輪を階段状に配置するが途中岩盤を削り残すなど緊急的な築城を垣間見《かいまみ》ることができ

写真29　横山城からの眺望

る。その先には二重堀切を設けるが、城域はそこで終わるのではなく、二重堀切の外側にも曲輪を構える。この先端の曲輪には中央部に土塁を構え、その北端に虎口を設けている。近江では二重堀切を設ける山城はほとんどなく、この横山城の二重堀切は見応えがある。

　南城は山頂の主郭から急激に落ち込んだ南方に構えられている。その主郭は方形で土塁を巡らせている。北側に一段低く虎口が設けられているが、構造は枡形となる。主郭南側には帯曲輪を廻し、その南方に堀切を設けて遮断線としている。主郭の西側には一段低く腰曲輪を設けるが、その両端には竪堀と竪土塁が構えられている。また、主郭の北端には巨大な竪堀が掘られている。

　別城一郭の構造であるとともに北城と南城では時期差が認められそうである。単純な構造の北城が古く、土塁が囲繞《いにょう》し、枡形をもつ

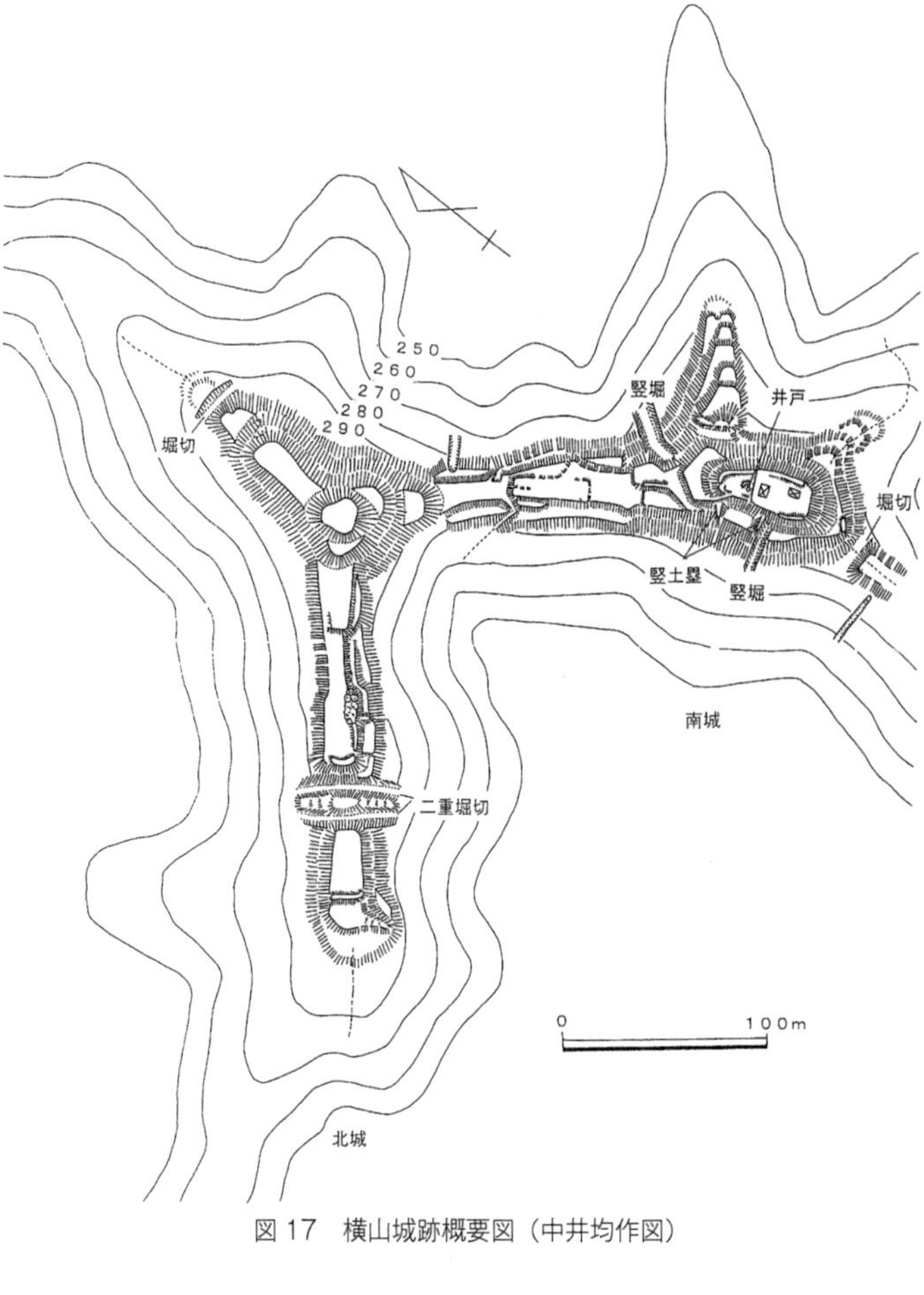


図 17　横山城跡概要図（中井均作図）

南城が新しい。実は小谷城攻めの十年後、天正十年（一五八二）十二月に宇喜多秀家《うきたひでいえ》に宛てた秀吉の書状に、「長浜之儀既可取詰与存候処、（略）横山城を相拵、人数丈夫ニ入置候」（『小早川家文書』）とあり、賤ヶ岳合戦に伴い改修されていたことがわかる。おそらく南城の構造はこの際に改修された構造で、秀吉が城番に入れ置かれた小谷城攻めの付城は北城の遺構と考えられる。

付城時代の横山城の姿を伝える史料として、『信長公記』の元亀二年（一五七一）八月二十日条に「八月廿日の夜、大風生便敷《おびただしく》吹き出し、よこ山の城塀・矢蔵吹き落し候つる」とあり、横山城に塀や櫓《やぐら》（矢蔵）の存在したことがわかる。横山城では長浜市教育委員会によって数次の発掘調査が実施されているが、瓦が出土したことはなく、恒久築城ではなかったことが判明している。台風（？）の大風によって崩れた櫓は、近世的な土壁に瓦屋根の載るようなものではなく、四本柱の井楼櫓《せいろう》であったと見られる。塀も同様に土壁に瓦の載る構造ではなく、板塀であったと見られる。

元亀三年（一五七二）に姉川を越え、虎御前《とらごぜん》山に本陣を移すまで横山城が本陣であり、信長は度々横山城に小谷城攻めの視察に訪れている。『信長公記』によると、元亀二年（一五七一）八月十八日に「八月十八日信長公、江北表御馬を出され、横山に至って御着陣」（『言継卿記』には「織田弾正忠去十八日出陣、江州北郡横山に陣取云々」とある）、元亀三年（一五七二）三月五日に「次日横山に至って御着陣」、同年七月十九日に「次日、横山に御陣を居《す》ゑられ」、同年九月十六日に「信長公・嫡男奇妙公御父子横山に至って御馬を納られキ」などと散見できる。天正元年（一五七三）九月の小谷落城に伴い横山城は廃された。

## 三　佐和山城包囲網

### 信長の攻城戦が包囲網戦に進化

姉川合戦の最中に佐和山城に駆け戻り籠城をしたのが磯野丹波守員昌である。信長は姉川の合戦後、直ちに佐和山城攻めを開始する。この攻城戦で信長は佐和山城の周囲に付城を構える包囲作戦をおこなった。『信長公記』には「夫より佐和山の城、磯野丹波守楯籠り相抱へ候キ、直に信長公、七月朔日、佐和山へ御馬を寄せられ、取詰め、鹿垣《ししがき》結はせられ、東百々《どど》屋敷御取出仰付けられ、丹羽五郎左衛門置かれ、北の山に市橋九郎右衛門、南の山に水野下野、西彦根山に河尻与兵衛、四方より取詰めさせ、諸口の通路をとめ、」（元亀元年［一五七〇］七月一日条）とあり、佐和山攻城戦が実にリアルに記されている。信長の攻城戦が包囲戦に進化していることがうかがえる。

このうち北の山については、坂田郡飯村の『嶋記録』に「北の山、磯山《いそやま》」と記されていることより、従来は米原市の磯山に充てられていた。ところが磯山は佐和山とは陸続きとなっておらず、その間には入江内湖と松原内湖を結ぶ指合《さしあい》と呼ばれる川のような流路が立ちはだかっている。磯山に付城を築いても包囲できないのである。さらに磯山には中世の山城の痕跡はあるのだが、付城に相当するような遺構もないため、『信長公記』の記載は架空のものと思われて

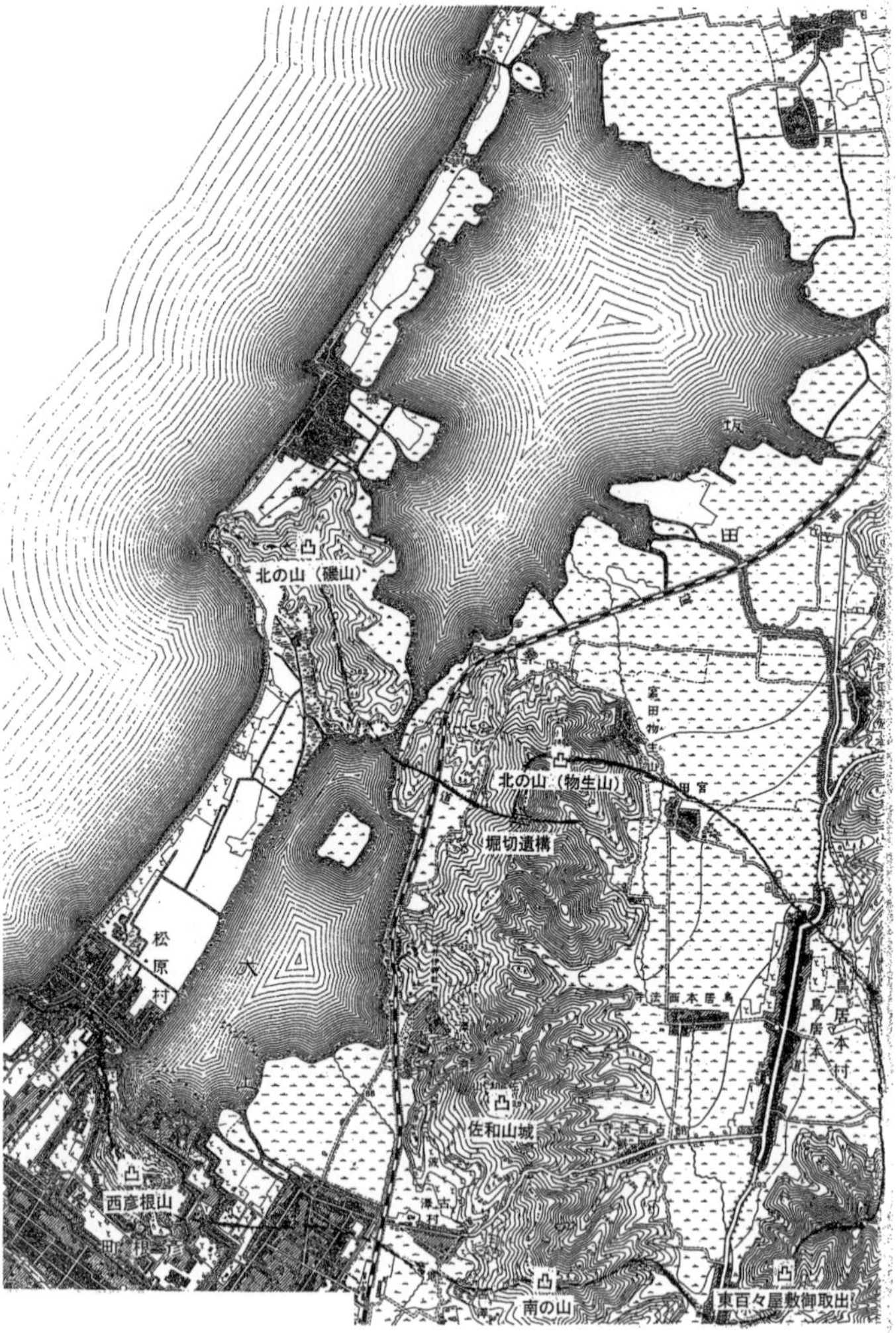


図18　元亀元年の佐和山城攻め関係図

図 19　物生山城跡概要図（中井均作図）

いた。

　ところが、佐和山城の北側に伸びる尾根筋を実際に歩いてみると、鞍部《あんぶ》には堀切が認められ、北側の標高一九二メートルの地点には山城の遺構の残されていることが判明した。この城の面白いところは佐和山との尾根続きではなく、北側の尾根が東に折れたピークに選地していることである。ここからは北側尾根筋のピークよりも正面に佐和山城が望めるのである。

　その構造はピークに主郭を設けているが、曲輪造成はほとんどなされておらず自然地形を残している。敵正面となる西側尾根に対しては副郭を横堀で囲い込んでいる。それは角馬出として評価できる。

　元亀二年（一五七二）に織田信長が、木下藤吉郎・樋口三郎兵衛に宛てた書状に「佐和山おさへの諸執出（砦）之道具共、両人かたへ預け置くべく候、小谷表之普請之用にすべく候」とある。佐和山城攻めの付城構築に用いた資材を秀吉と樋口直房に預けるので、速やかに小谷城攻めの陣を構築するのに用いよという内容である。攻城戦用の付城構築に数年、数ヶ月を費やすわけにはいかない。一刻も早く築く必要がある。この書状からは柵や小屋といった作事の用材について、信長はストックしていたことがわかる。付城を構築する際に近辺の樹木伐採や加工日数を考えると準備されている建物部材を用いるのが最短となる。両人に預けられた部材は直ちに小谷城攻めの作事資材となった。付城の作事は、いわばプレハブ構造とも呼び得るものだった。

## 四　小谷城攻めと陣城　虎御前山砦

### 大規模な城郭構造だった虎御前山砦

信長の妹市を妻とした江北の戦国大名浅井長政は、元亀元年（一五七〇）に突然信長に反旗を翻す。以後信長は浅井氏と三年間にわたる戦いを繰り広げることとなる。浅井氏の居城である小谷城を攻めるための最前線として築かれたのが横山城である。横山城の位置は姉川の南岸である。小谷城攻めで信長はなかなか姉川を越えることができなかったのであった。しかし元亀三年（一五七二）に信長は姉川を越え、虎御前山に陣を置く。『信長公記』では、「七月廿七日より虎後前山御取出の御要害仰付けらる。（中略）八月八日に、（中略）虎後前山御取出御普請程なく出来訖。御巧を以《もつ》て、当山の景気興ある仕立、生便敷御要害見聞に及ばざるの由候て、各耳目驚かされ候。御座敷より北を御覧ぜられ候へば、浅井・朝倉高山大づくへ取上り入城し、難堪に及ぶの躰、西は海上温々として、向ひは比叡山八王寺、昔は尊き霊地たりといへども、一年山門の衆徒等逆心を企て、自業得果の道理を以て山上山下灰燼となる。是御憤を散ぜられ、御存分に仰付けられたる所なり。又南は志賀・唐崎・石山寺、彼本尊と申すは、大国宸旦《しんたん》迄も隠れなき霊験殊勝の観世音。往昔紫式部も所願を叶《かな》へ、古今翫《もてあそ》ぶ所の源氏の巻を注しをかれたる所なり。東は高山伊吹《いぶき》山、麓はあれて残りし不破《ふわ》の関、何《いず》れも眼前及ぶ所の景気、又丈夫なる御普請、申尽し難き次第なり。」（七月二十七日条、八月八日条）とある。

攻城戦において陣を構えることはそれまでも当然おこなわれていたものの、虎御前山では見たことも聞いたこともないような陣が構えられたのである。御座敷より見える周囲の景観も記されているわけであるが、まず、陣に御座敷のあったことに驚かされる。従来の陣では掘立小屋程度の建物であったものが、ここでは座敷が建てられていたのである。七月二十七日に普請が開始され、八月八日には完成したということであるから、築城期間はわずか十二日であった。

その構造は簡単なものだったのではなく、大規模かつ発達した城郭構造であったことが現地に残る遺構からわかる。標高二二四メートルの虎御前山は独立丘で、その東北には目の前に小谷城が位置している。虎御前山は南北約二・一キロメートルの柄鏡《えかがみ》形の山で、現在遺構の残る部分は約八〇〇メートル程度であるが、築城当時はほぼ山稜《さんりょう》全域に各将たちの陣城が構えられていた。

山頂部の曲輪群を信長本陣としているが、こうした名称はすべて江戸時代に作成された絵図に記されたものであり、何の根拠もない。『信長公記』に信長の陣がこの虎御前山に置かれたことは記されているが、どこにあったかまでは記されていないし、ましてや参戦した信長軍の将たちがどこにいたかなど一切わからない。小谷城攻めには徳川家康も関わっていたことにより、江戸時代には多くの絵図が作成されている。特に小谷城が藩領となる彦根藩ではいくつかの絵図が作成され、現在の陣所の名称はこれらによっている。

虎御前山の北より伝柴田勝家陣、伝木下藤吉郎陣、伝織田信長陣、伝堀秀政陣、伝滝川一益《たきがわかずます》陣がほぼ一直線上に配置され、伝織田信長陣より東に派生する尾根に伝一門衆陣、伝佐久間信盛陣が構えられている。伝滝川一益陣の南方の旧青少年野外活動センター跡地が伝丹羽長秀陣で、さらにその南尾根に伝蜂屋頼隆陣、伝多賀貞能陣が続くがこれらに遺構は残されていない。

## 伝木下藤吉郎陣こそが信長の本陣であった？

伝織田信長陣は虎御前山の最高峰に位置している曲輪群である。主郭からの眺望は抜群で、虎口は枡形となるものの堀切や土塁もなく、ただ尾根筋に対して階段状に曲輪を配置するに留《とど》まる。

一方、伝木下藤吉郎陣は主郭に土塁を巡らせ、切岸《きりぎし》直下には横堀を囲繞している。さらに横堀の端部は竪堀となって斜面を切断している。主郭の中心には櫓台となる土壇が配置されている。また、主郭虎口の前面には翳《かざし》の堀を設け、直進して虎口に入れないようにしている。東側副郭は未削平の自然地形であるが、周囲には土塁が巡る。伝柴田勝家陣とを結ぶ北西尾根には堀切を構えて尾根筋を遮断している。このように伝木下藤吉郎陣は極めて複雑な構造を呈している。

伝木下藤吉郎陣は伝織田信長陣の北方を防御するように配置されているが、その構造には大きな違いが認められる。軍事的な視点からは伝木下藤吉郎陣のほうが圧倒的に発達した構造で築かれている。虎御前山の陣城のなかではもっとも発達した構造であると言える陣所である。しかも主郭は小谷城を一望できる位置にある。虎御前山の陣城は小谷城の咽喉部に突き付けた刃そのものであり、小谷城から見える姿を考えなければならない。小谷城からは階段状に構え

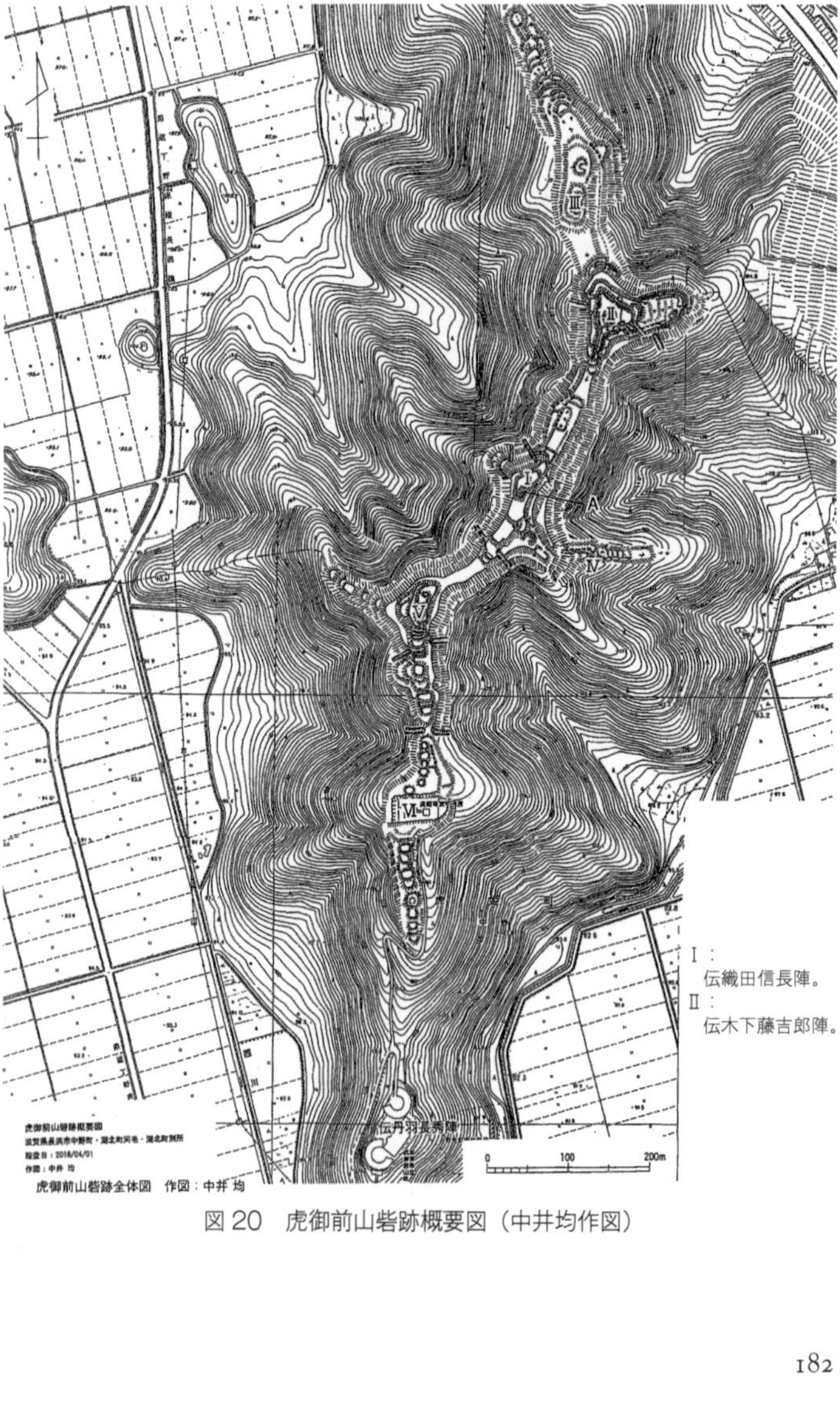


図 20　虎御前山砦跡概要図（中井均作図）

られた曲輪群よりも、正面に横堀を巡らせ、土塁に囲繞され、戦闘指揮所のような土壇を擁する陣のほうが威圧的に映ったに違いない。そこが信長の本陣と映ったことだろう。この伝木下藤吉郎陣こそが信長の本陣であったのではないだろうか。江戸時代に記された名称ではなく、現存する陣跡そのものから分析すると伝木下藤吉郎陣こそが信長の本陣であった可能性が高い。

虎御前山の最北端には伝柴田勝家陣があるが、ほとんど削平もされておらず、堀切や土塁といった人工的な防御施設も設けられていない。要害としての防御施設を設けるのではなく、将兵のベースキャンプとしての駐屯地を設けていたようである。

南側に目を向けると伝堀秀政陣が続く。階段状に曲輪を配置する構造ではあるが、南方に対しても防御は厳しく、堀切を何重にも構えている。特に陣に最も隣接する堀切では両端を竪堀として斜面から北方への侵入を遮断している。さらに南方に構えられた伝滝川一益陣は虎御前山に点在する円墳や前方後円墳の墳丘を利用するもので、伝木下藤吉郎陣や伝堀秀政陣のような巧妙さは一切認められない。

なお、伝織田信長陣より東側に派生する尾根には伝一門衆陣や伝佐久間信盛陣が構えられているが、斜面地であり、単独で構えられた陣とは到底考えられず、伝織田信長陣に付属する陣所であったと考えられる。

## 陣城と軍道

さらに小谷城攻めの陣は虎御前山の陣城だけではなかった。『信長公記』には「虎ごぜ山よ

写真30　戦国の道

り横山迄間三里なり。程遠く候間、其繋として、八相《はっそう》山・宮部《みやべ》郷両所に御要害仰付けらる。宮部村には宮部善祥坊入れをかせられ、八相山には御番手の人数仰付けらる。虎後前山より宮部迄路次一段あしく候。武者の出入のため、道のひろさ三間々中に高々とつかせられ、其へり敵の方に高さ一丈に五十町の間築地《ついじ》をつかせ、水を関入れ、往還たやすき様に仰付けらる。」（元亀三年［一五七二］八月八日条）と記されており、虎御前山の陣城が築かれるまでの本営であった横山城が虎御前山の陣城構築後も重要視されていたことがわかる。その距離三里、つまり一二キロメートルほどあるので、両城の間に位置する八相山と宮部にも陣城を構えたのである。さらに虎御前山と宮部までの道路状況がよくなかったために道路まで新設している。その軍道であるが道路幅が三間半ということで、一間を六尺五寸とすると約一・九七メートルとなることより、約七メートルの道路幅であった。さらに道路だけでは小谷城より軍勢の移動が見えてしまうため、小谷城側に一丈の築地が設けられ、敵襲に備えてその築地の外側には水堀まで構えられていた。築地とは土塁のことと考えられ、高さが一尺を三〇・三センチメートルとすると約三メートルもあった。

このように虎御前山の陣城だけではなく、信長は軍道まで造り出したのである。現在も宮部から三川《みかわ》にかけて東南から西北へ伸びる道路がある。この付近は条里の痕跡が見事に残されているが、この道路は条里に対して北西にずれており、明らかに異質な設計によって敷設された道路であることがわかる。さらに三川から八相山のあった中野までもこの道路の延長に条里とは違う河川が流れている。斜位の道路こそが信長の敷設した軍道を継承する道路であり、斜位に流れる河川こそが信長の敷設した道路の小谷城側に構えられた水堀を継承する河川と見られる。道路の路肩に近年建てられた石碑には「戦国の道」と記されている。

一方、小谷城より望む虎御前山はまさに喉元に突き付けられた匕首《あいくち》であり、陣の様子も一望できる。耳目も驚かされた要害を見て、浅井方の将兵に強烈なプレッシャーを与えたことは想像に難くない。小谷城からは敷設された軍道も一望できる。城下に構えられた軍道は兵や物資を送る重要な施設であり、浅井方にとっては無視することのできない道路である。『信長公記』には「霜月三日、浅井・朝倉人数を出し、虎後前山より宮部迄つかせられ候築地引崩すべき行《てだて》として、浅井七郎足軽大将にて先を仕《つかまつ》り懸り来る。」（元亀三年［一五七二］十一月三日条）とあり、浅井井規《いのり》を大将としてこの道路を破壊しようと軍勢を差し向けたものの羽柴秀吉らが撃退

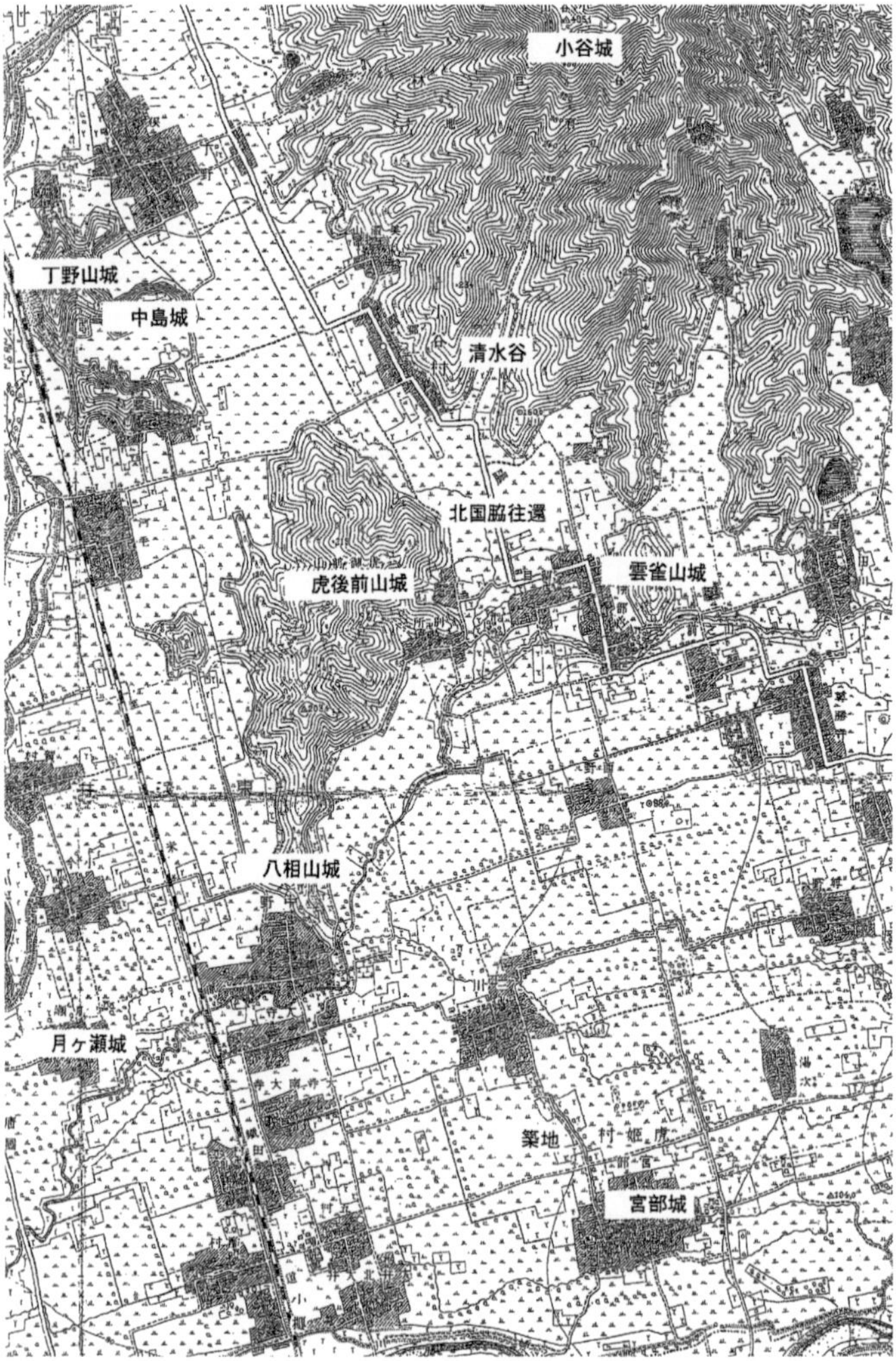


図21　小谷城攻防戦関係図

している。

こうした小谷城攻めや先の佐和山城攻めで信長は陣城を構え、さらに鹿垣や軍道を敷設することで敵の城を包囲する戦いで勝利を収める。この陣城を構える戦いに勝利したことにより以後の信長の攻城戦は陣城を構えるという戦いを展開する。

## 五　有岡城攻めと陣城

### 有岡城を攻めるために四方に陣城

天正六年（一五七八）十月に荒木《あらき》村重《むらしげ》は突然信長に反旗を翻す。その理由については諸説があるが、足利義昭や大坂本願寺の要請を受けたためであろうと言われている。村重は居城である有岡《ありおか》城に籠城する。これに対して信長は陣を構えて攻城戦をおこなう。『信長公記』には「十二月十一日、所々に付城仰出だされ、信長公古池田に至つて御陣を移さる。

御取出御在番衆、

一、塚口郷、惟住五郎左衛門・蜂屋兵庫・蒲生忠三郎・高山右近・神戸三七信孝。

一、毛馬《けま》村、織田上野守・滝川左近・北畠信雄卿・武藤惣右衛門。

一、倉橋郷、池田勝三郎・勝九郎・幸新。

一、原田郷、中川瀬兵衛・古田左介。

一、刀根山、稲葉伊豫《いよ》・氏家左京助・伊賀《いが》平左衛門・芥川《あくたがわ》。

一、郡山、津田七兵衛信澄。
一、古池田、塩川伯耆守。
一、賀茂、三位中将信忠御人数。
一、高槻《たかつき》の城御番手御人数、
大津伝十郎・牧村長兵衛・生駒《いこま》市左衛門・生駒三吉・湯浅甚介・猪子次左衛門・村井作左衛門・武田左吉
一、茨木城御番手衆、
福富平左衛門・下石《おろし》彦右衛門・野々村三十郎。
一、中島、中川瀬兵衛。
一、ひとつ屋、高山右近。
一、大矢田、安部二右衛門。」（天正六年［一五七八］十二月十一日条）

とある。さらに翌七年（一五七九）三月五日条には、「三月七日、信長公古池田に至つて御陣を居《す》ゑさせられ、諸卒は伊丹《いたみ》四方に陣取。越州衆不破・前田・佐々・原・金森、是等も参陣なり。岐阜中将信忠、御取出、賀茂岸・池の上二ヶ所、丈夫に御要害仰付けられ、四方付城相構へ、手前〳〵に堀をほり、塀柵を御普請なり。」とある。

伊丹の有岡城を攻めるために四方に点々と陣城を構えた。

その中心となったのが古池田であり、信長もここを本陣とした。古池田とは池田城の跡のことと考えられる。池田にはもともと池田氏の築いた池田城があり、そのため古池田と呼んだの

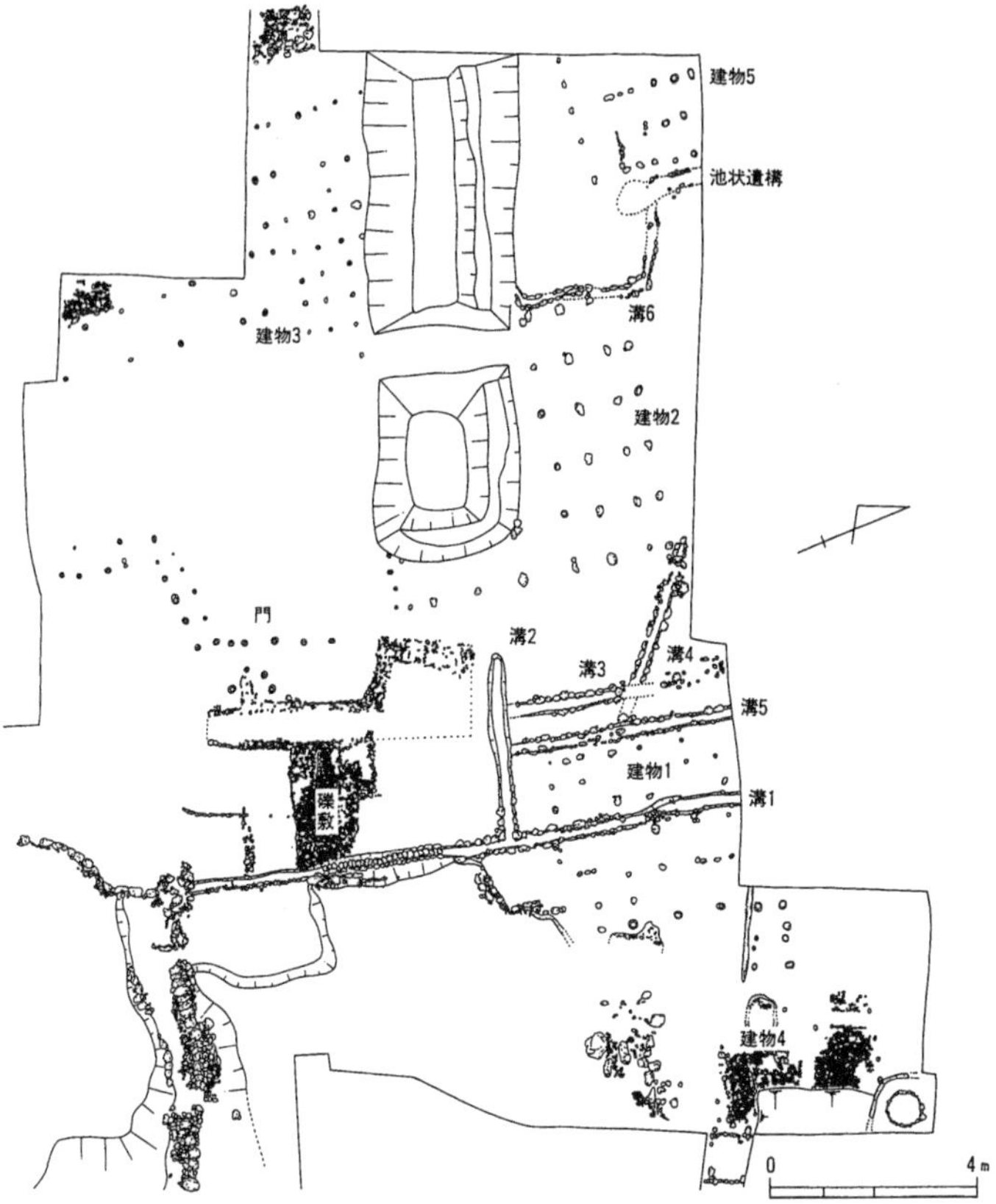

図 22　池田城本丸検出遺構図（池田市教育委員会 1994 による）

写真31　発掘調査で検出された原田城の堀切

である。この池田城の発掘調査が実施され、主郭の中心に巨大な礎石建物が検出された。ところが礎石建物を分断するように巨大な堀が掘られていたのである。礎石建物が撤去された後に主郭を二分するために堀が掘られたようである。この堀が信長の本陣として掘られたのである。単に旧城を利用して陣とするのではなく、改修して再利用していたことがわかる。その構造は主郭をさらに二分して陣城とすることにあったようだ。

さらに中川清秀《なかがわきよひで》（瀬兵衛）と古田《ふるた》織部《おりべ》重然《しげなり》（左介）が入れ置かれた原田郷とは豊中市に所在する原田城のことだと考えられる。ここでは豊中市教育委員会によって発掘調査が実施されている。調査前でも原田城の主郭は南北約五〇メートル×東西約五〇メートルという小規模なものであったが、そこに幅約十八メートル、深さ約五～六メートルという巨大な空堀が検出された。検出された堀の切岸部分がかなり凸凹であったが、これは堀を掘った際の工具の痕跡であろうと見られる。切岸の斜面を平滑に調整することなく、とにかく陣を完成させるために大急ぎで掘った、当時の切迫した状況がうかがえる。なかには工具の痕跡よりも大きな窪《くぼ》みが点々とあったが、それらは堀を掘削する際の人夫たちの足掛かりとしたところではなかったかと見られる。

池田城や原田城の事例からは古城を陣としたが、塚口、毛馬、郡山、高槻、茨木、中嶋（堀城か）、ひとつ屋、大矢田も古城を利用していたものと思われる。

この包囲戦について『信長公記』には「三月五日、御馬を寄せられ、信長池田に御陣を居ゑさせられ、中将信忠賀茂岸にちかぢかと御取出寄せさせられ、伊丹四方に堀をほらせ、塀・柵を二重三重丈夫に仰付けられ、誠に籠の内の鳥に異ならず。」（天正七年［一五七九］三月五日条）と籠の中の鳥と記している。

## 六　三木城攻めと陣城

### 四十余の付城が構えられていた

天正六年（一五七八）、播磨の別所長治《べつしよながはる》が突如信長に反旗を翻した。これは単に長治が単独で信長に抗したのではなく、高砂の梶原景秀《かじわらかげひで》、明石の明石《あかし》則実《のりざね》らの有力国人もこれに呼応した。もちろん別所氏の離反の背後には足利義昭の調略があり、毛利方に属したのである。さらに本

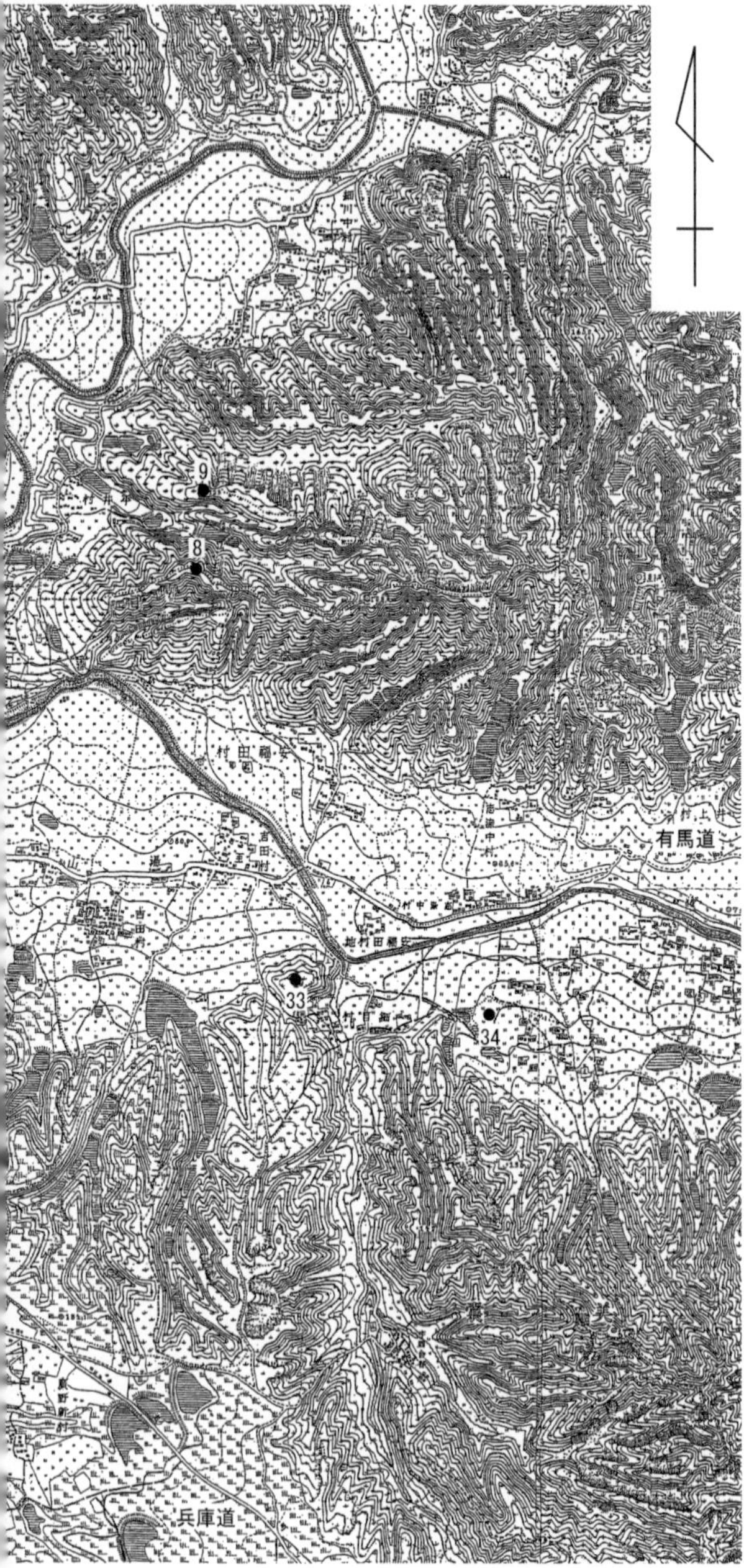


三木城
1 三木城本丸跡
2 三木城二の丸跡
3 三木城新城跡
4 三木城鷹尾山城跡
5 宮ノ上要害
6 三木城跡
7 本町滑原遺跡

付城
8 平井山ノ上付城跡
9 平井村中村間ノ山付城跡
10 久留美村山上付城跡
11 慈眼寺山城跡
12 久留美村大家内谷上付城跡
13 跡部村山ノ下付城跡
14 加佐山城跡
15 平田村山ノ上付城跡
16 平田村付城跡
17 大村山ノ上付城跡
18 這田村法界寺山ノ上付城跡
19 高木大塚城跡
20 高木大山付城跡
21 シクノ谷峯構付城跡
22 明石道峯構付城跡
23 小林八幡神社付城跡
24 羽場山上付城跡
25 八幡谷ノ上明石道付城跡A
26 八幡谷ノ上明石道付城跡B
27 八幡谷ノ上明石道付城跡C
28 三谷ノ上付城跡
29 二位谷奥付城跡A
30 二位谷奥付城跡B
31 二位谷奥付城跡C
32 君ヶ峰城跡
33 和田村四合谷村ノ口付城跡
34 高男寺本丸遺跡

多重土塁
35 朝日ヶ丘土塁
36 高木大塚土塁
37 高木大山土塁A
38 高木大山土塁B
39 高木大山土塁C
40 高木大山土塁D
41 高木大山土塁E
42 高木大山土塁F
43 高木大山土塁G
44 小林土塁A
45 小林土塁B
46 小林土塁C
47 小林土塁D
48 小林土塁E
49 福井土塁A
50 福井土塁B
51 福井土塁C
52 福井土塁D
53 福井土塁E
54 福井土塁F
55 福井土塁G
56 福井土塁H
57 福井土塁I
58 福井土塁J
59 福井土塁K
60 福井土塁L
61 福井土塁M
62 福井城山土塁
63 二位谷土塁A
64 二位谷土塁B
65 宿原土塁

（三木市教育委員会提供）

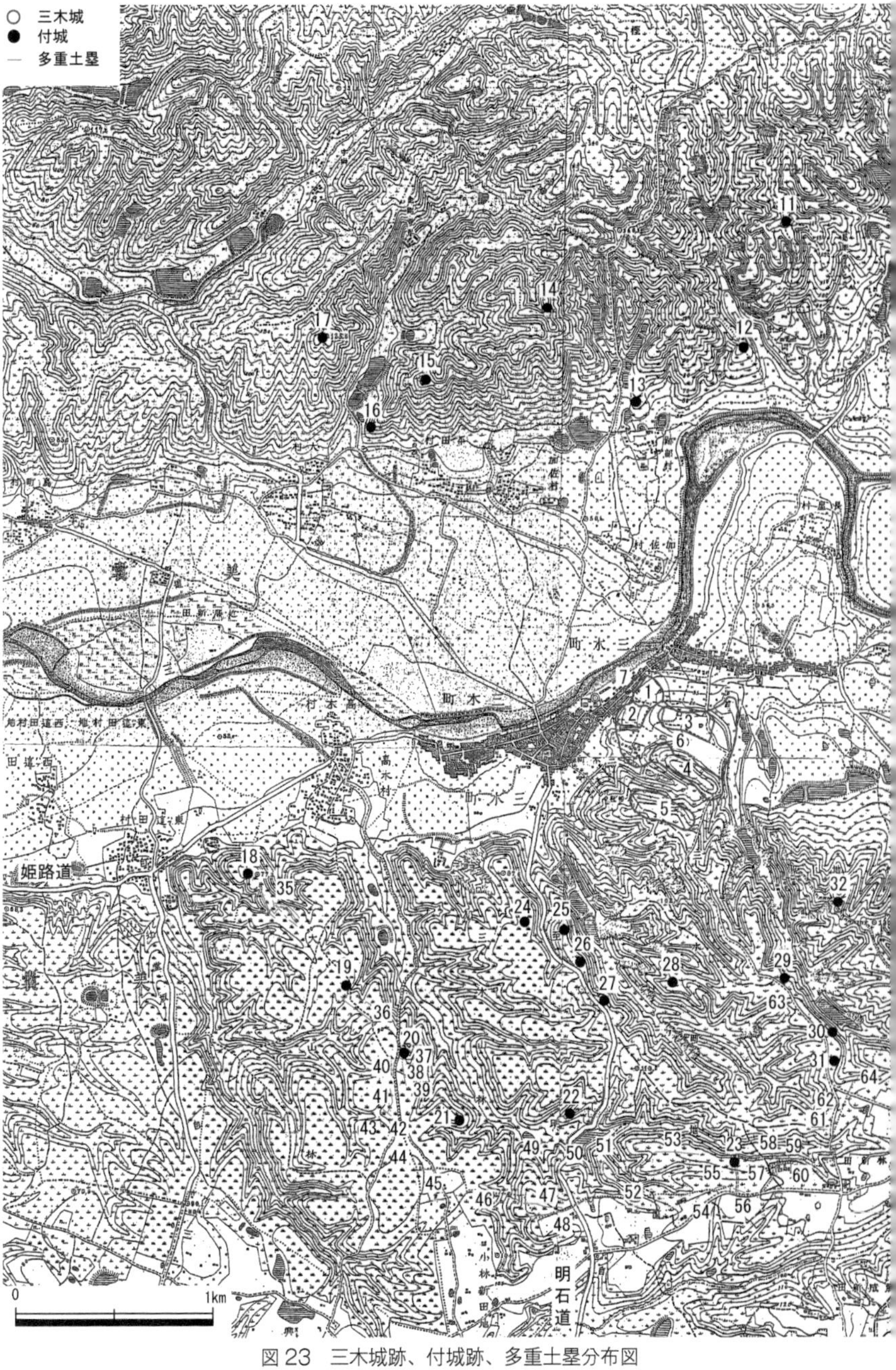


図 23　三木城跡、付城跡、多重土塁分布図

願寺は雑賀衆《さいかしゅう》の淡路《あわじ》岩屋《いわや》への派兵を要請し、毛利方の芸州衆の岩屋派兵と呼応するという反信長の一連の動きと呼応する離反であった。

別所長治の立て籠もる三木《みき》城攻めの総大将となったのが信長の嫡男三位中将信忠であった。この戦いでも信長軍は三木城を包囲する攻城戦をおこなったのである。その陣城の構築について城郭研究者の宮田逸民氏は三期に分類することができるとする。まず第一期が天正六年（一五七八）七月の織田信忠による平井山《ひらいやま》以下の付城の構築、第二期が天正七年（一五七九）四月の信忠の播磨再入国による六ヶ城の築城、第三期が天正七年（一五七九）十月の平田大村合戦後の包囲網を狭めるという段階的な構築である。特に第三期以降三木城への兵粮《ひょうろう》の搬入ができなくなり、「三木の干し殺し」といわれる兵粮攻めという状態をもたらした。

天正八年（一五八〇）になると、秀吉は宮の上の要害を乗っ取り、鷺《さぎ》山構、新城を攻め、ついに正月十七日に長治らの自害により三木城は開城した。ところで三木開城により秀吉は別所氏の家臣や領民の命を救ったといわれてきたが、小林基伸氏は宇喜多直家《なおいえ》が「相残者をハ一所へ追寄、番を被付置、悉可被果と相聞候、」と、切腹した者以外を一ヶ所に追い寄せて番を置いてことごとく殺すとの報告を花房又七《はなぶさまたしち》から受けたことなどから、三木城落城後に大量殺戮《さつりく》のあったことを明らかにしている。

さて、信忠側の付城については宝暦十二年（一七六二）に平野《ひらの》庸脩《ようしゅう》によって編まれた『播磨《はりま》鑑《かがみ》』の「三木城寄衆次第」によると、

「　　三木城寄衆次第　　　天正六年三月上旬

一、平井山ノ上　大将羽柴筑前守秀吉公
一、平井村中村間ノ山　筑前守後見竹中半兵衛
一、興呂木村上野　筑前守弟羽柴小一郎　栗山源之丞
一、細川荘中村　西村　荒木摂津守　荒木平太夫
一、久留美《いるみ》村上山　堀尾山城守
一、同村慈眼《じげんじ》寺山上一本松ノ所ニ　有馬法印
一、同村大家内谷上　加藤作助　横目衆
一、同村川ノ上ニ　中村孫平次　別所孫右衛門
　　此人後ニハ鳥町村ノ前ニ出
一、跡部《あとべ》村ノ上　仙石権兵衛
一、同村山ノ下　小田七兵衛
一、同村ト加佐《かさ》ノ間ニ　木下将監
一、加佐村ノ上　杉原七郎右衛門
一、同村　加藤勝八　横目衆
一、平田村山ノ上　古田馬ノ助
一、同村　吉田庄左衛門
一、大村山ノ上　吉野大膳
　同所　三田新兵衛

同所　前野勝右衛門
一、鳥町村河原　別所孫右衛門
一、這田《ほうだ》村　法界寺山ノ上　宮部善祥坊
同所　出口五郎左衛門
同所　石川清助　横目衆
一、羽場山上　明石興四郎
一、中島町八幡谷ノ上明石道　間島彦太郎
同所　福原馬之助
一、三谷ノ上　賀須谷内膳
一、仁位谷奥　浅野弥兵衛一同所　一柳小兵衛　横目衆
一、大塚町上君ケ峰　木下興一郎
一、宿　原《しゆくはら》村ノ上　馬場治左衛門
一、吉田村ノ上　竹内半兵衛
一、和田村四合谷村ノ口　近藤兵部　五十嵐九郎右衛門　横目衆
一、同所　安藤勘兵衛
一、高男寺《こうなんじ》村　青木治郎
一、同所　三好志摩守
一、安福田《あぶた》村ノ上　丹羽権兵衛　板倉勝助　此両人ハ筑前守後見也

写真32　君ヶ峰城の発掘調査

一、同村川端　山岡文蔵　等也　」

と三六ヶ所におよぶ付城が記されている。

現在三木市では推定箇所も含めて四十余の付城が構えられていたのではないかとみている。その三木市が遺跡として把握しているものは二十七城あり、そのうち明確な城郭遺構を残しているものが二十城ある。

**三木城包囲網の要、多重土塁**

こうした陣城に加えて三木城の包囲網で重要な施設として多重土塁がある。三木城の南側の付城と付城を結ぶ土塁は場所によっては二重、三重に築かれていることより多重土塁と呼んでいる。その総延長は約五・五キロメートルにおよび、三木城の南方を完全に封鎖している。三木城の南方には明石魚住《うおずみ》という港湾があり、毛利氏からの物資の陸揚げ場となり、そこから明石道を経て三木城に搬入していた。この街道を封鎖するために多重土塁が築かれた。と、ともに織田軍の連絡通路としても利用された。佐和山城の包囲戦では鹿垣という柵列であったものが三木城の包囲戦では完全に遮断する土塁線となったのである。

では、三木城包囲戦に築かれた付城とはどのようなものだったのだろうか。『播州御征伐之事』には、「依之為塞三木魚住通路。始君峯廻之付城五六十。其透々立番屋。堀。柵。乱杭。逆茂木。表引荊棘裡浚堀。」「築地高一丈餘。上二重塀入石。摸雁。昇楯。高結。重々築柵。」などと記され、付城には番屋が建ち、堀や柵、乱杭、逆茂木が廻らされていた。また、土塁は約三メートルにおよび、塀には鉄砲が貫通しないように内部に石が充塡《じゅうてん》されていた。

実際の付城はどのような構造だったのだろうか。次に、残されている付城や発掘調査で明らかとなった付城についてみていこう。

まず、本陣となった平井山陣だが、かつては三木城の北方、志染川の対岸にあるぶどう園の地に比定されていた。ところが宮田逸民氏は浅野文庫所蔵『諸国古城之図』に所収されている「播磨平井山」の状況と現地が一致しないことを指摘し、踏査の結果、従来の陣より東に約五〇〇メートルのところに古城之図と一致する陣跡を発見した。

## 戦国時代の攻城戦にとって重要な遺跡

なお、三木城とその付城群は戦国時代の攻城戦にとって重要な遺跡ということで平成二十五年（二〇一三）に国史跡に指定された。その指定名称は「三木城跡及び付城群」というもので、全国ではじめて付城群も同等に扱われた画期的な史跡指定となった。

『信長公記』には、「別所小三郎楯籠候三木の城へ惣御人数取懸け、塞々《つまりつまり》に近々と付城の御要害仰付けられ御在陣候なり。」（天正六年〔一五七八〕七月十五日条）といよいよ三木籠城に対して付城の築城が開始される。

「中将信忠卿、播州三木表に、今度六ヶ所塞々に御取出仰付けられ、」（天正七年〔一五七九〕四月二十六日条）とあり、当初は六ヶ所に陣を構えた。天正八年（一五八〇）には織田軍が三木城の支城を攻略し、一年十ヶ月に及ぶ包囲戦は終了した。信長は力攻めをせず、長時間をかけて小谷城、有岡城、三木城を攻め落とした。自軍の消耗を極力避けた戦いが陣城を築く包囲戦であったと考えられる。

## 七　鳥取城攻めと陣城　太閤ヶ平

### 鳥取の渇やかし殺し

荒木村重、別所長治を滅ぼした信長はいよいよ毛利氏と対峙する。その司令官として羽柴秀吉が鳥取城を攻めることとなる。この攻城戦でも包囲戦が展開されることとなった。『信長公記』には、「六月廿五日、羽柴筑前守秀吉中国へ出勢、打立つ人数二万余騎。備前・美作《みまさか》打こし、但馬口より因幡《いなば》国中へ乱入。橘川式部少輔楯籠るとつとりの城、四方離れて嶮《さか》しき山城なり。因幡の国は、北より西は滄海《そうかい》漫々たり。とつとりと、西の方海手《うなて》との真中廿五町程隔て、西より東南町際へ付いて流るる大河あり。此川舟渡しなり。とつとりへ廿町程隔て、川際につなぎの出城あり。又、海の口にも取継ぐ要害あり。藝州よりの味方引入るべき行《てだて》として二ヶ所拵《こしらえ》置きたり。とつとりの東に、七・八町程隔て、並ぶ程の高山あり。羽柴筑前守彼山へ取上り、是れより見下墨《さげすみ》、則、此山を大将軍の居城に拵《こしら》へ即時にとつとりを取りまかせ、頓《やが》て又、二ヶ所のつなぎの出城の間をも取切り、是又、鹿垣結ひまはしとり籠め、五・六町、七・八町宛に、諸陣近々と取詰めさせ、堀をほつては尺を付け、又、堀をほつては塀を付け、築地高々とつかせ、透間なく二重・三重の矢蔵を上させ、人数持の面々等の居陣に、矢蔵を丈夫に構へさせ、後巻の用心に、後陣の方にも堀をほり、塀・尺を付け、馬を乗りまはし候ても、射越の矢にあたらぬごとくに、まはれば二里が間、前後に築地高々とつかせ、其内に陣屋を町屋作りに作らせ、夜るは手前々々に篝火《かがりび》たかせ、白中のごとくにして、廻番丈夫に申付け、海上には警固舟を置き、浦々焼払ひ、丹後・但馬より海上を自由に舟にて兵粮届けさせ、此表一着の間は、幾年も在陣すべき用意生便敷《おびただしき》次第なり。」（天正九年［一五八一］六月二十五日条）と記されている。毛利氏の最前線である鳥取城攻めについて詳細に記されている。

鳥取城は『因幡民談記』には、天文十四年（一五四五）に因幡守護山名《やまな》久通《ひさみち》が守護所である布勢《ふせ》天神山《てんじんやま》城の出城として築いたと記されているが、一方で天文十二年（一五四三）に但馬山名氏が因幡山名氏の本拠布勢を攻略するために築いたとも言われている。そして、天正元年（一五七三）には因幡守護山名豊国《とよくに》が因幡守護所とした。

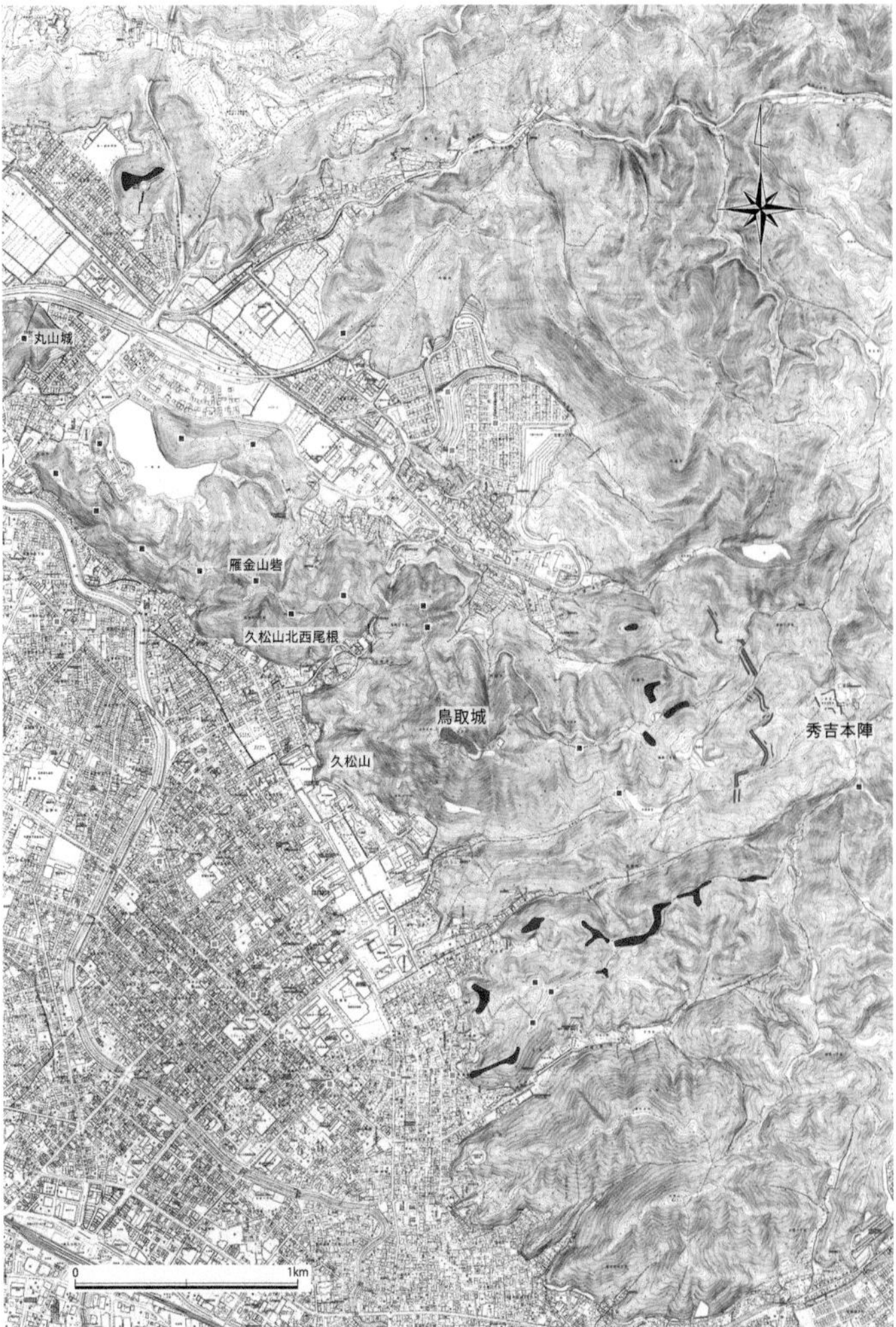


図24　鳥取城包囲戦の陣城分布図（鳥取市教育委員会提供）

天正九年（一五八一）に鳥取城では城主山名豊国が織田信長に降伏しようとしたため、家臣の森下道誉《もりしたどうよ》らがこれを追放、吉川元春《きっかわもとはる》に支援を求めた。このため元春は一族で石見国福光《ふくみつ》城主であった吉川経家《つねいえ》を鳥取城に差し向けたのである。経家は鳥取開城の前日に「日本二ツ之御弓矢於境、及怍腹候事。末代之可為名誉存候」（天正九年［一五八一］十月二十四日付「吉川広家宛吉川経家書状」）と記し、織田、豊臣の狭間《はざま》において自害することは末代までの名誉であると記している。鳥取城攻めでも『信長公記』にあるように織田軍は包囲戦をおこなう。この戦いは、「三木の干し殺し」に対して「鳥取の渇やかし殺し」と例えられている（浅野家文書）。

その包囲網は鳥取城を完全に囲い込むもので海上も封鎖して、海上からの兵粮の搬入を阻止した。加えて『陰徳太平記』によると、秀吉は若狭から船舶を因幡へ送り、米を大量に買い占め、城下の兵粮を空にした。関ヶ原合戦後には池田長吉が入城し、鳥取城を石垣造りの近世城郭へと改修する。さらに池田光政が因幡・伯耆《ほうき》二ヶ国の国持大名の居城として拡張改修した。この近世城郭化に伴い久松山《きゅうしょうざん》の西山麓は城下町となり、付城の痕跡は一切残されていない。

## 太閤ヶ平の名づけは後世もの

しかし、久松山の山塊に築かれた付城は見事に痕跡を残している。その代表的な遺構が太《たい》閤《こう》ヶ《が》平《なる》と呼ばれる包囲網戦の本営である。『信長公記』に「七・八町程隔て、並ぶ程の高山」と記された山に築かれた付城である。実際には鳥取城の位置する久松山の標高が二六三メートルで、その東方約一・四キロメートル離れた山が太閤ヶ平で標高二五一メートルを測る。この山は古くより太閤ヶ平と呼ばれている。もちろん天正九年（一五八一）段階では秀吉は羽柴を名乗っており、太閤《たいこう》でもない。太閤とは摂政や関白の職を退き、その子が摂政、関白の職に就いた者や、摂政、関白辞職後に内覧の宣旨を受けた者を指す。秀吉が太閤となるのは猶子秀次に関白を譲った天正十九年（一五九一）十二月二十八日以降のことであるが、江戸時代以降は、太閤とは秀吉を指すものとなってしまう。鳥取城攻めの本営が太閤ヶ平と呼ばれるものこうした経緯によるもので、それは江戸時代以降に付けられた名称である。

## 大将軍の居城とは信長の城のことか

では攻城戦当時はどう呼ばれていたのか。『信長公記』では「此山を大将軍の居城に拵へ」と記している。従来この点について深く考えられてこなかったのであるが、鳥取城やその包囲網の付城群を調査されている城郭研究者の西尾孝昌氏より、この「大将軍」とは誰かと質問を受けて驚かされた。太閤ヶ平とは江戸時代以降の名称でしかないものの、鳥取城攻めの総大将が秀吉であったことより誰もがこの付城は秀吉の本陣と信じて疑ってこなかったのである。これに対して「大将軍」に疑問を呈した西尾氏の見解は極めて鋭いものであった。

では大将軍の居城とは誰の居城なのか。『信長公記』のなかで、太田牛一《おおたぎゅういち》は信長のことを信長公、信長と記している。嫡男信忠は岐阜中将、三位中将。次男信雄は北畠中将と記している。『信長公記』のなかで大将軍と記しているのは、この鳥取城攻めの一ヶ所のみであり、個人を特定するのは難しいものの、秀吉を大将軍と呼ぶはずはなく、やはり信長を指していると見る

写真33　太閤ヶ平より鳥取城を望む

のが自然であろう。
　さらにこの太閤ヶ平の立地を見ると大将軍の居所として築かれたことが理解できる。鳥取城攻めの包囲網の特徴は久松山の山塊の頂部ごとに付城を築いて鳥取城を取り囲んでいるが、その付城と付城間には土塁と横堀を巡らせて、包囲網を完璧なものとしている。これは前年まで戦っていた三木城の包囲網と同じである。特に鳥取城の東面に目を向けると横堀が二重、三重に掘られ、尾根上には点々と付城が構えられており、特に防御が強固なものとなっていることがわかる。太閤ヶ平はこの遮断線の外側にあたる東側に構えられている。それは遮断線外の安全地帯に構えられていると見てよい。包囲網から一歩引いた位置に構えられているという選地からもここが前線司令部で

写真34　太閤ヶ平の土塁と横堀

はなく、戦線の視察に来る人物のために準備された付城であることがわかる。秀吉が大将軍信長に戦線を見せるために築いた付城であったと考えられる。

その構造は台形を基本とする曲輪の周囲に巨大な土塁が囲繞し、土塁の外側には横堀が設けられている。虎口は南側と東側の二ヶ所に設けられ、特に南側が大手となるようで、横堀に対しては幅二間の土橋が架けられ、土橋に対して主郭西南端と東南端が突出して横矢が掛かるようになっている。東側の虎口は規模も小さく攻城側の通用門であったと見られる。

主郭の四隅のうち西南端と東南端は突出して築かれているが、特に東南端は土塁内側の南端が一段高く造られており、櫓台であることはまちがいない。あるいは大将軍の城として天守に相当する建物の存在も充分考えられる。曲輪内部は付城としては広く、ここには大将軍のための御殿があったのだろう。

太閤ヶ平の大きな特徴として、横堀の外側に無数の平坦面《へいたん》を階段状に構えている点がある。おそらく大将軍を守備する親衛隊の陣所として小屋掛けしていた削平地とみられるが、同じ秀吉が天正十八年（一五九〇）に小田原城の支城である伊豆《いず》韮山《にらやま》城を攻めた際に築いた付城群にも尾根筋に延々と小削平地が築かれているが、これは防禦施設として構えられたものと考えている。付城ではなく、普遍的な山城でも信濃の林大《はやしおお》城や飛驒の傘《からかさ》松《まつ》城などでもこうした小削平地が延々と築かれている事例があり、防禦施設としての小削平段であった可能性もある。

なお、この太閤ヶ平の西側土塁に立つと、その正面に鳥取城が築かれた久松山を正面に望むことができる。その距離は指呼の距離である。両軍ともに城内の動きは見えたことであろう。鳥取城内で飢餓に耐える毛利軍にとって、太閤ヶ平など織田軍の陣所での炊飯の様子は一層飢餓を激しいものとしただろう。太閤ヶ平以外の陣も基本的には土塁を巡らせた曲輪を階段状に配置し、土塁の外側には横堀が巡らされていた。特に太閤ヶ平の西側に構えられた三ヶ所の付城では付城間に横堀を延々と巡らせて遮断線としており、二重もしくは三重に施している。

鳥取市街地に構えられた陣城はまったく痕跡を残していないが、鳥取城を取り囲む山中に残された秀吉の陣は総延長七〇〇〇メートルにわたって点々と認められる。さらに鳥取城の北側の谷筋を隔てた山稜には延々と土塁が築かれている。特に太閤ヶ平の西側では太閤ヶ平を守るように二重の堀が巡らされ、尾根の先端部には陣城が構えられている。太閤ヶ平の北西部尾根上には伝羽柴秀長の陣といわれる陣城が配されている。ここは鳥取城からは尾根続きで太閤ヶ平に至る通路上に位置する最重要地点である。土塁に囲繞《いにょう》された主郭部も見事だが、太閤ヶ平への尾根に構えられた三重の空堀と、北方に向けられた竪堀《たてぼり》は圧巻である。さらにここでも太閤ヶ平と同様に主郭の周辺には数多くの小削平地が点々と構えられており、小屋懸けしたところと見られる。

一方、太閤ヶ平の西に派生する二本の尾根筋先端にもそれぞれ陣城が構えられている。いずれも主郭は土塁によって囲繞されており、両陣城間には二重の堀切が竪堀、横堀となって延々と続いている。ここでも主郭の周辺には数多くの小削平地が構えられており、やはり小屋懸けしたところだと考えられる。

さらに太閤ヶ平の北から東にかけて派生する尾根上にも点々と陣が構えられている。しかし規模、構造は西側に築かれた陣城に比べると小さく稚拙であり、太閤ヶ平が鳥取城に向けて築かれたことを如実に示している。この太閤ヶ平の北から西側に構えられた陣城や多重堀切を大防禦ラインと呼んでいる。

鳥取城に吉川経家が着陣したのが天正九年（一五八一）七月一二日であったが、この大包囲網で食糧が絶たれてしまい、同年一〇月二五日に経家が自害し開城となった。

ところで、太閤ヶ平と呼ばれる陣城が山陰にもう一ヶ所あるのはほとんど知られていない。伯耆羽衣石《うえし》城の南条氏は毛利氏に属して東伯耆三郡を支配していた。天正七年（一五七九）に織田信長が山陰に進出すると南条元続《なんじょうもとつぐ》は毛利氏を離反して織田方に与《くみ》した。そこで吉川元春は天正九年（一五八一）八月に羽衣石城攻めを開始する。『信長公記』には「十月廿六日、伯耆国に南条勘兵衛・小鴨左衛門尉兄弟両人、御身方として居城候処、吉川罷出で、南条表取巻きの由注進候。眼前に攻殺させ候ては、都鄙の口難無念の由候て、羽柴筑前守後巻として罷立ち、東西の虜を合せ一戦に及ぶべき行にて」（天正九年十月廿六日条）とあり、羽柴秀吉が援軍に差し向けられた。このときに吉川元春の陣となったのが馬の山で、秀吉の陣になったのが御冠山と言われてきた。しかし、御冠山が秀吉の陣として記された史料はなく、近世以降の伝承に過ぎない。ところが、羽衣石城の南方、十万寺の集落背後の山頂は太閤ヶ平と呼ばれ、城郭遺構が見事に残されている。

その構造は土塁に囲繞された曲輪と、尾根筋を堀切によって切断するもので、さらには延々と削平地が階段状に構えられている。こうした構造は伯耆国内では他に例を見ないもので、明らかに陣城の構造である。太閤ヶ平と呼ばれる伝承よりこの遺構こそが羽衣石城救援に向かった秀吉によって構えられた陣城であると考えられる。

# 終章　信長の居城と陣城の意味するもの

## 石垣、瓦、礎石建物という三つの要素

本書では、織田信長によって築かれた居城と、一門・家臣団によって築かれた居城、そして信長軍が攻城戦に際して築いた陣城という二種類の城郭を概観してみた。そこには貫徹する築城の意図が明らかとなった。

居城として築かれた城郭には、石垣、瓦、礎石建物という三つの要素が用いられていた。戦国時代の城郭が土から成る土木施設であったものが、信長の築城によって石から成る城へと大きく変化する。それは単純に土から石という変化ではなく、作事としての城郭建築が出現し、石垣の上には櫓《やぐら》や塀が巡らされ、その中心には天守と呼ばれる高層建築が造営されるようになった。戦国時代の山城は、普請と呼ばれる土木工事による防禦《ぼうぎょ》施設であった。詰城としての山城の場合、建物は重要視されなかった。各地の発掘調査で検出される山城の構造は、簡単で小規模な掘立柱建物が大半である。

こうした戦国の戦う施設としての山城が劇的な変化を遂げたのが、信長による石垣と瓦と礎石建物から構成される城であった。以後の日本城郭はこうした三つの要素から築かれるようになる。まさに信長の築城は、日本城郭の革命的変化といっても過言ではないだろう。その築城は豊臣秀吉にも忠実に引き継がれてゆく。それは織豊系城郭と呼び得るものであり、特に三つの要素は信長の居城では高石垣、金箔《きんぱく》瓦、天守という要素に置き換えてもよいだろう。この要素は恒久的築城のためだけに用いられたのではなく、城郭という防禦施設を根本から変える装置であったことを忘れてはならない。それは見せるという、戦国時代の山城にはなかった構造

である。それまで見たこともない高い石垣に、金箔瓦で飾られた建物が甍《いらか》を並べ、その中心には天守と呼ばれる高層建築が聳《そび》えていたのである。土造りの山城しか見たことのなかった戦国時代の人々にとって、信長の城は城郭という防禦施設を超えるものであった。統一政権を具現化したものが信長の城だったのである。

### 背面構造がまったく違う石垣と石積み

ところで、戦国時代の後半になると、山城に石垣が導入される地域が出現する。現在そうした戦国時代の石垣が確認できるのは信濃、飛驒、美濃、北近江、南近江、西播磨、東備前、北部九州などである。十五世紀後半から十六世紀前半には日本列島のこれらの地域で盛んに石垣が築かれることとなったのである。信長の石垣導入もそうした十五世紀後半から十六世紀前半の城郭構造のうねりのなかのひとつではあった。しかし、信長の石垣は明らかに列島のその他の地域の石垣とは違うものであった。

ここで石垣という構造物について述べておきたい。石垣とはただ単に石を積む施設ではない。石が積まれた背後には、栗石《ぐりいし》と呼ばれる裏込めの石を充塡《じゅうてん》することが重要である。この栗石により石垣背後の排水ができるようになった。これに対して栗石を伴わず石を積むだけのものを石積みと呼んでおく。

石垣と石積みとは背面構造がまったく違うのである。石垣は技術によって積まれたものであり、石積みには技術は存在しない。大半の戦国時代の石垣には栗石はなく、石積みだったのである。現在、信長の小牧山城に先行する栗石を持つ石垣は、近江守護六角氏の居城である観音寺城と三好長慶が築いた芥川山城、飯盛城である。観音寺城の石垣構築では金剛輪寺などの寺院の技術が援用されており、さらには城域そのものも観音正寺の坊院を利用したものである。そして、今ひとつ信長の石垣が他の石垣と異なるのは巨石を用いることである。すでに永禄六年(一五六三)に築かれた小牧山城に巨石は導入されている。間々観音降臨の聖地に巨石を用いた築城は、城郭そのものを神格化するためのものではなかったか。

岐阜城では「上之権現」が存在し、安土城では摠見寺と神社が祀《まつ》られていた。巨石を用いることによって聖地化を図ったものとみられる。信長の巨石使用は、後に虎口《こぐち》に巨石を用いる鏡石へと引き継がれていくのである。このように信長の石垣は、戦国時代の石積みとは明確に違うものを志向して築かれたものであった。

瓦についても単に恒久性を求めた道具としての瓦葺《かわらぶ》き建物ではなかった。近畿地方では石垣を導入しない城に瓦が用いられている事例が存在する。河内の烏帽子形《えぼしがた》城や、私部《きさべ》城、若江城、大和の龍王山城、椿井《つばい》城などである。これらは瓦生産の盛んな大和や河内で城郭建物に援用されたものであり、寺院の瓦そのものであった。

ところが、信長の瓦では安土城で桐文を用いた棟差込板瓦が出土している。瓦に家紋という武家の権威の象徴が表現されるようになった。そして権威は金箔瓦を誕生させる。その権威は信長と子息の居城のみに使用が許された。石垣や天守には軍事性も存在するが、金箔瓦には軍事性はまったく見出《みいだ》せない。まさに権威の象徴であり、見せる城としての金箔瓦であった。信長の家臣時代にはけっして葺くことのできなかった金箔瓦であったが、秀吉は天正十一年（一五八三）に築いた大坂城では金箔瓦を引き継いでゆく。

## 信長の城から秀吉の城へ

瓦が織豊系城郭では重要ではないという見解もあるが、金沢城では冬期に瓦が爆《は》ぜるにもかかわらず、築城当初には瓦を用いていたことが白鳥堀の発掘調査で確認されている。家臣団の築城で瓦を欲していたことを物語っている。柴田勝家の北庄城では、自然環境を克服するために石製の瓦が用いられている。信長の支配する領域での拠点となる城に瓦は必要であったことを端的に示している。

そして、天守という高層建築である。安土城では信長の居住空間としての天守であった。住む天守として造営されたのである。坂本城では小天主で茶会や夕餉《ゆうげ》がおこなわれている。勝龍寺城の殿守では古今伝授がおこなわれている。ところが、秀吉時代になると居住施設として造営されているのであるが、実際の居住は本丸御殿でおこなわれていた。さらに江戸時代になると畳すら入らなくなり、城主（藩主）が天守に登るのは一生に一度もしくは数度に止《とど》まってしまう。外観を仰ぎ見る装飾としての天守になってしまう。

さて、信長の城郭は秀吉にどう引き継がれていったのであろうか。山崎合戦で明智光秀を打ち破った秀吉は、清須会議ののちに、亡君信長の葬儀をおこなう予定であったが、その日程を延期してしまう。その理由は山崎の築城を最優先したことによる。

秀吉の当時の居城は、播州姫路城もしくは近江長浜城であったが、いずれも政治拠点となる京都からはかけ離れている。京都に入ることは他の諸将との関係からこの段階では尚早であり、京の咽喉部《いんこう》であり、主君信長の仇《あだ》を討った顕彰の地である山崎に居城を構える。

天正十一年（一五八三）の賤ヶ岳合戦に勝利し、名実ともに信長の後継者となった秀吉はその居城を山崎から大坂に移す。秀吉にとっては何の所縁《ゆかり》もない大坂をなぜ新たな居城としたのであろうか。

『信長公記』には、「抑《そもそ》も大坂は凡《およ》そ日本一の境地なり。其子細は、奈良・堺・京都に程近く、殊更、淀《よど》・鳥羽より大坂城戸口まで舟の通ひ直にして、四方に節所を拘《かか》へ、北は賀茂川・白川・桂川・淀・宇治川の大河の流れ幾重共なく、二里・三里の内、中津川・吹田川・江口川・神崎川引廻らし、東南は尼上が嵩・立田山・生駒山・飯盛山の遠山の景気を見送り、麓は道明寺川・大和川の流に新ひらきの淵、立田の谷水流れ合ひ、大坂の腰まで三里・四里の間、江と川とつづひて渺々《びょうびょう》と引きまはし、西は滄海《そうかい》漫々として、日本の地は申すに及ばず、唐土《もろこし》・高《こう》麗《らい》・南蛮の舟海上に出入り、五畿七道集りて売買利潤富貴の湊《みなと》なり。」（天正八年［一五八〇］八月二日条）と記されている。

都市についての詳細をこれほどに記載しているところは、『信長公記』のなかでも他にはない。本願寺門主が大坂を退出した日のことを記した部分であることより、信長は本願寺との戦いのなかで、大坂の地に注目していたに違いない。本願寺を退去させた後に自らの居城の地としたかったのではなかろうか。その途半ばで信長は本能寺で討たれてしまう。

大坂が富貴の地であることを秀吉も信長から聞いていたのであろう。それまで秀吉との関係がまったくなかった大坂に、突然自らの居城を築いたのはそうした理由に他ならない。信長の居城は移動することも大きな特徴なのだが、けっして山を下りることはなかった。しかし大坂の地は上町台地の端部に位置するとは言え、天王寺方面からは平地である。信長は大坂では平地に注目していたことがわかる。実際に大坂に城を築くのは秀吉であるが、安土城とは大きく異なる築城であった。安土城は山城であり、大坂城は平城である。

この違いは近世城郭に大きな影響を与えた。安土城は山を切り盛りして曲輪《くるわ》を造成し、石材を採石して石垣に用いることができた。それが大坂城では堀を掘るために大量の土木量となる。石垣の石材は遠隔地から持ち運ばなければならない。そうした築城技術が大坂築城によって得られたのである。安土築城が近世城郭の始祖と位置付けでき、大坂築城が近世城郭の門戸を開いたと言うことができよう。

今ひとつの信長の城として攻城戦の陣城を分析してきたが、居城が石垣、瓦、礎石建物という要素によって斉一性の高い城を築いたのと同じように、陣城では折《おり》を設けた土塁と横堀によって築かれていた。さらに陣城と陣城の間には土塁や横堀、水堀が構えられていた。敵城の周囲をこうした陣城や土塁によって取り囲んだのである。なぜ攻城戦にこれまでしたのだろうか。力攻めで攻めればよかったはずである。陣城を構えるのは築城に時間や労力を費やすだけではなく、攻める時間が長時間となってしまう。それでも信長は攻城戦に陣城を構えたのである。北近江の小谷城攻めは元亀元年（一五七〇）より天正元年（一五七三）の三ヶ年におよんでいる。『信長公記』に小谷城は「高山節所の地」で、「一旦に攻上り候事なり難く」と記している。信長は自軍の消耗を最小限に止めるために長時間をかけてでも陣城戦をとったのである。

　このように信長の居城や攻城戦の陣城を分析することにより、信長の欲した城郭と戦争の実態を知ることができたのである。

## 主要参考文献


秋田裕毅　一九九〇『織田信長と安土城』創元社
池田市教育委員会　一九九四『池田城跡―主郭の調査―』
ＮＨＫスペシャル「安土城」プロジェクト　二〇〇一『信長の夢「安土城」発掘』日本放送出版協会
大津市教育委員会　二〇〇八『坂本城跡発掘調査報告書』
春日町　一九九三『史跡黒井城跡 保存管理計画策定報告書』
加藤理文　二〇一二『織豊権力と城郭』高志書院
加藤理文　二〇一六『織田信長の城』講談社
木戸雅寿　二〇〇二「安土城が語る信長の世界」、千田嘉博・小島道裕編『天下統一と城』塙書房
木戸雅寿　二〇〇三『よみがえる安土城』吉川弘文館
木戸雅寿　二〇〇四『天下布武の城・安土城』新泉社
岐阜県教育委員会　二〇〇三『岐阜県中世城館跡総合調査報告書 第二集（岐阜地区・美濃地区）』
岐阜市教育委員会　一九九〇『千畳敷―織田信長居館伝承地の発掘調査と史跡整備―』
京都市高速鉄道烏丸線内遺跡調査会　一九七九『京都市高速鉄道烏丸線内遺跡調査年報Ⅰ 一九七四、七五年度』
久保智康　一九八九「越前における近世瓦生産の開始について―武生市小丸城跡出土瓦の検討―」『福井県立博物館紀要』第３号

小島道裕　二〇一八『城と城下 近江戦国誌』吉川弘文館
小牧市教育委員会　二〇〇五『史跡 小牧山整備事業報告書（旧小牧中学校用地）』
小牧市教育委員会　二〇一一『史跡 小牧山主郭地区第三次発掘調査概要報告書』
財団法人長岡京市埋蔵文化財センター　一九九一『勝龍寺城発掘調査報告』
滋賀県　一九四二『滋賀県史蹟調査報告』第十一冊
滋賀県　一九六五『特別史跡安土城跡修理工事報告書（Ⅰ）』
滋賀県安土城郭調査研究所　二〇〇四『発掘一五年の軌跡 図説安土城を掘る』サンライズ出版
滋賀県安土城郭調査研究所　二〇〇四『安土城・信長の夢』サンライズ出版
滋賀県教育委員会　一九八六『滋賀県中世城郭分布調査四（旧蒲生・神崎郡の城）』
滋賀県教育委員会　一九八九『滋賀県中世城郭分布調査六（旧坂田郡の城）』
滋賀県教育委員会　一九九六『特別史跡安土城跡環境整備事業概要報告書Ⅲ—大手道・伝羽柴秀吉邸跡』
滋賀県教育委員会　一九九六『織豊期城郭基礎調査報告書二』
滋賀県教育委員会　二〇〇二『特別史跡安土城跡発掘調査報告一二—主郭中心部天主台・本丸・本丸取付台 伝名坂邸跡の調査—』
滋賀県立安土城考古博物館　一九九七『平成九年度秋季特別展 開館五周年記念 城下町の黎明—信長の城と町—』図録
滋賀県立安土城考古博物館　一九九九『平成一一年度秋季特別展 特別史跡安土城跡発掘調査一〇周年

成果展 安土城・一九九九』図録
市立長浜城歴史博物館　一九八八『開館五周年記念特別展 羽柴秀吉と湖北・長浜』図録
新・清須会議実行委員会　二〇一四『守護所シンポジウム2@清須　新・清須会議 資料集』
千田嘉博　二〇〇〇『織豊系城郭の形成』東京大学出版会
千田嘉博　二〇一三『信長の城』岩波書店
土山公仁　一九九〇「信長系城郭における瓦の採用についての予察―同笵あるいは同型瓦を中心に―」『岐阜市歴史博物館研究紀要』4
鳥取市歴史博物館　二〇一三『新訂増補 鳥取城跡とその周辺 遺構でつなぐ歴史と未来』
中井均　一九九〇「織豊系城郭の画期―礎石建物・瓦・石垣の出現」、村田修三編『中世城郭研究論集―』新人物往来社
中井均　一九九四「織豊系城郭の特質―石垣・瓦・礎石建物―」『織豊城郭』創刊号 織豊期城郭研究会
中井均　一九九七『近江の城―城が語る湖国の戦国史―』サンライズ出版
中井均　二〇〇二「戦国の城から近世の城へ」、千田嘉博・小島道裕編『天下統一と城』塙書房
中井均　二〇〇二「織豊系城郭の地域的伝播と近世城郭の成立」、村田修三編『新視点 中世城郭研究論集』新人物往来社
中井均　二〇〇二「城の船入―海・湖・河川と城郭」、「琵琶湖がつくる近江の歴史」研究会編集『城と湖《うみ》と近江』サンライズ出版

中井均　二〇一一「近江の城物語　―最新の調査成果より」『近江学』第三号　成安造形大学附属近江学研究所
中井均　二〇一二「近江の石積み」『近江学』第四号 成安造形大学附属近江学研究所
中井均　二〇一八「虎御前山砦」、中井均監修、城郭談話会編『図解 近畿の城郭Ⅴ』戎光祥出版
中井均　太田浩司　松下浩　東幸代　二〇一九『覇王信長の海 琵琶湖』洋泉社
西尾孝昌　二〇一〇「秀吉本陣周辺の城郭遺構確認調査について」『鳥取城調査研究年報』第三号　鳥取市教育委員会
福島克彦　二〇一九『明智光秀と近江・丹波―分国支配から「本能寺の変」へ―』サンライズ出版
松下浩　二〇一四『織田信長 その虚像と実像』サンライズ出版
宮田逸民　一九九一「織田政権と三木城包囲網」『歴史と神戸』一六九号 神戸史学会
三木市教育委員会　二〇一〇『三木城跡及び付城跡群総合調査報告書』
村田修三監修　二〇一七『織豊系城郭とは何か　―その成果と課題―』サンライズ出版

# あとがき

私が城に興味を覚えたのは小学五年生のときであった。中・高校時代には数多くの城跡を訪ね、大学では城郭研究を志し、とりわけ考古学で城郭研究をしようと考えた。大学時代は一回生のときからほぼ毎日発掘調査に参加し、授業にはほとんど出席しない不真面目な学生であった。ただ発掘現場での日々は大学での授業とは違い、生の現場を体験できた。さらに伏見城跡の発掘調査に従事することができ、当時まだ珍しかった中・近世考古学の最前線に身を置くことができたことも、将来この道に進むことを決心させた。

そして文化財行政の専門職に就くと、研究テーマを中・近世城館遺跡から検出された遺構や出土した遺物とし、論文をこつこつと発表してきた。そのうちに織田信長、豊臣秀吉の築いた城郭に強い斉一性の存在することに注目し、彼らの城が石垣、瓦、礎石建物という三つの要素によって構成されることを突き止め、論文にすることができた。一九九一年のことである。

こうした三つの要素は織田信長、豊臣秀吉の一門、家臣団の居城の特徴であるが、攻城戦に用いた城にも強い斉一性を読み取ることができる。それは包囲戦という戦略で、敵の城の周囲に陣城《じんしろ》と呼ばれる小規模ではあるが縄張り構造が極めてテクニカルな城を築き、周囲を封鎖する戦法である。居城とは違う構造ではあるが、陣城構築という斉一性が読み取れるのである。

この居城の分析と陣城の分析の研究をライフワークにしようと決め、様々な場で論文を発表したり、講演などをおこなってきた。従来、信長の居城についての書籍は多く刊行されてきたが家臣団の築城や、戦争時に築かれた陣城までを一冊にまとめられたものは皆無であった。本来こうした居城と陣城をまとめた本は早く出すべきであったが、日頃の忙しさにかまけて今日になってしまった。

以前、坂東三津五郎さんとお城の対談を書籍にする仕事をさせていただいた。その際の編集者が株式会社KADOKAWAの辻森康人氏であった。三津五郎さんとのお城談義は大変楽しいものであり、それが書籍（角川SSC新書『坂東三津五郎　粋な城めぐり』二〇一二年一月刊行）として刊行された三年後、三津五郎さんはお亡くなりになってしまった。私とは同い年であり、その死に驚いたのであるが、対談本では三津五郎さんの日本の城に対する熱い思いが籠った遺作となったのが供養だったと思っている。

その辻森さんから、城の本を選書として刊行してみないかとのお誘いがあり、これまで研究してきた信長の居城と家臣団の築城、さらには陣城についてまとめてみたいとお話しすると、刊行にご快諾を頂いた。そこでこれまで小出しに発表してきた信長の居城と家臣団の居城、そして攻城戦の陣城までをもまとめることができた。これまでの研究にひとつの区切りがつけられたものと自負している。

城郭研究は敗戦後、軍事的防御施設を扱うと忌諱《きき》され、沈黙されてきた。それが一九九〇年代以降、縄張り研究、考古学、文献史学から新たに研究が進められ、その成果は単に城郭研究のみならず、戦国時代そのものを分析する重要な資料として注目されることとなった。同様に織豊政権を考えるうえでも城郭の持つ意味は政権そのものを分析する第一級の資料となることは大方の認めるところとなった。本書からもその一端を読み取っていただければ幸いである。

二〇二〇年二月二十一日

中井　均

**中井 均**（なかい・ひとし）
1955年、大阪府生まれ。龍谷大学文学部史学科卒業。考古学者。滋賀県文化財保護協会、長浜城歴史博物館館長などを経て、滋賀県立大学人間文化学部地域文化学科教授。専門は中・近世城館遺跡、近世大名墓。NPO法人城郭遺産による街づくり協議会理事長、織豊期城郭研究会代表、大名墓研究会代表を務める。著書に『城館調査の手引き』『ハンドブック 日本の城』（山川出版社）、『戦国の山城を極める　厳選22城』（加藤理文・中井均共著、学研プラス）、『歴史家の城歩き』（中井均・齋藤慎一共著、高志書院）など多数。

角川選書 633

信長《のぶなが》と家臣団《かしんだん》の城《しろ》

令和２年３月27日　初版発行
令和６年１月20日　再版発行

著　者／中井《なかい》　均《ひとし》

発行者／山下直久

発　行／株式会社KADOKAWA
〒102-8177　東京都千代田区富士見2-13-3
電話 0570-002-301（ナビダイヤル）

印刷所／株式会社KADOKAWA

製本所／株式会社KADOKAWA

装　丁／片岡忠彦　　帯デザイン／Zapp!



●お問い合わせ
https://www.kadokawa.co.jp/（「お問い合わせ」へお進みください）
※内容によっては、お答えできない場合があります。
※サポートは日本国内のみとさせていただきます。
※Japanese text only

定価はカバーに表示してあります。



ISBN978-4-04-703687-1 C0321

◆◇◇

## 戦国大名・伊勢宗瑞
黒田基樹

近年人物像が大きく書き換えられた伊勢宗瑞。北条氏研究の第一人者が、最新の研究成果をもとに、新しい政治権力となる戦国大名がいかにして構築されたのかを明らかにしつつ、その全体像を描く初の本格評伝。

624

978-4-04-703683-3

## 新版 古代史の基礎知識
編 吉村武彦

歴史の流れを重視し、考古学や歴史学の最新研究成果を取り入れ、古代史の理解に必要な重要事項を配置。新聞紙上をにぎわしたトピックをはじめ、歴史学界で話題の論争も積極的に取り上げて平易に解説する。

643

978-4-04-703672-7

シリーズ世界の思想
## マルクス 資本論
佐々木隆治

経済の停滞、政治の空洞化……資本主義が大きな転換点を迎えている今、マルクスのテキストに立ち返りこの世界の仕組みを解き明かす。原文の抜粋と丁寧な解説で読む、画期的な『資本論』入門書。

1001

978-4-04-703628-4

シリーズ世界の思想
## プラトン ソクラテスの弁明
岸見一郎

古代ギリシア哲学の白眉ともいえる『ソクラテスの弁明』の全文を新訳とわかりやすい新解説で読み解く。誰よりも正義の人であったソクラテスが裁判で何を語ったかを伝えることで、彼の生き方を明らかにする。

1002

978-4-04-703636-9

## 密談の戦後史

塩田 潮

次期首相の座をめぐる裏工作から政界再編の秘密裏交渉まで、歴史の転換点で行われたのが密談である。憲法九条誕生から安倍晋三再擁立まで、政治を変える決定的な役割を担った密談を通して知られざる戦後史をたどる。

601

978-4-04-703619-2

## 今川氏滅亡

大石泰史

駿河、遠江、三河に君臨した大大名・今川氏は、なぜあれほど脆く崩れ去ったのか。国衆の離叛や「家中」弱体化の動向等を、最新研究から丹念に検証。桶狭間敗北や氏真に仮託されてきた亡国の実像を明らかにする。

604

978-4-04-703633-8

## 古典歳時記

吉海直人

日本人は自然に寄り添い、時季を楽しんできた。旬の食べ物、花や野鳥、気候や年中行事……暮らしに根ざすテーマを厳選し、時事的な話題・歴史的な出来事を入り口に、四季折々の言葉の語源と意味を解き明かす。

606

978-4-04-703657-4

## エドゥアール・マネ

西洋絵画史の革命

三浦 篤

一九世紀の画家、マネ。伝統絵画のイメージを自由に再構成するその手法は、現代アートにも引き継がれる絵画史の革命だった。模倣と借用によって創造し、古典と前衛の対立を超えてしまう画家の魅力に迫る。

607

978-4-04-703581-2

## 古典のすすめ
谷 知子

神話から江戸の世話物へとつながる恋愛観、挽歌と哀傷歌そして源氏物語に描かれた「死」と「病」など、日本の古典作品に描かれた哲学をやさしく説く。古典に立ち返り、人生を見つめる新たな視点を養う。

594

978-4-04-703620-8

## 死者と先祖の話
山折哲雄

みずからや家族の死を、私たちはどのような形で迎えたらよいのか——。折口信夫『死者の書』と柳田国男『先祖の話』をてがかりに、鎮魂・供養・往生・看取り等から、日本古来の信仰や死生観を見つめ直す。

595

978-4-04-703594-2

## 仏教からよむ古典文学
末木文美士

出家に憧れながらも愛欲の世界にとどまった源氏物語の登場人物たち。その曖昧な生にこそ、王権と仏法の緊張関係が示されているのではないか。源氏・平家物語から能、夏目漱石まで、日本文学の新たな魅力を引き出す。

599

978-4-04-703615-4

## 愛着アプローチ
医学モデルを超える新しい回復法
岡田尊司

慢性うつ、不登校、ひきこもり、ゲーム依存、発達の問題、自傷、過食、DV等、医学モデルでは対処が難しい心や行動の問題が増えている。それら難しいケースに劇的な改善をもたらす新しい回復法の原理と実践法！

600

978-4-04-703613-0

## 風土記
日本人の感覚を読む
橋本雅之

七一三年の官命によって編纂された「風土記」。全国各地の産物や土地、神話などを記す古代の貴重な資料である。その地誌としての性格をふまえ「風土記」を読み解き、日本人に通底する心のありようを知る。

577

978-4-04-703582-9

## 足利尊氏
森茂暁

これが「尊氏研究」の最前線！「英雄」と「逆賊」の間を揺れ動き、南北朝動乱を招いた中心人物として解明が進まなかった足利尊氏を徹底研究。発給文書一五〇〇点から見えてくる新しい尊氏像とは。

583

978-4-04-703593-5

## テーリー・ガーター
尼僧たちのいのちの讃歌
植木雅俊

釈尊の元に集った女性たちの切なる悩み、苦しみ、喜びをつづる原始仏典「テーリー・ガーター」が新訳で蘇る！　サンスクリット原典を紐解き、仏教が本来もっていた現代にも通じる男女平等思想を明らかにする名著。

588

978-4-04-703617-8

## 杉山城の時代
西股総生

文献には登場しないものの精密機械のような縄張りを持つ杉山城。なぜ、ここに存在するのか。北条氏築城説は成立しないのか。発掘調査によって判明した事実とは。縄張り研究の立場からその「謎」に迫る。

592

978-4-04-703614-7